STEFANIE BASLER
MIRKO BRAUN

Kleine Spiele im FUSSBALLTRAINING

72 Spielideen und 11 Spielleitlinien für Technik- und Taktiktraining

FÜR **E- BIS A-JUNIOREN**

Meyer & Meyer Verlag

Kleine Spiele im Fußballtraining

Bibliografische Information der Deutschen Nationalbibliothek
Die Deutsche Nationalbibliothek verzeichnet diese Publikation in der Deutschen Nationalbibliografie; detaillierte bibliografische Daten sind im Internet über http://dnb.d-nb.de abrufbar.

Auckland, Beirut, Dubai, Hägendorf, Hongkong, Indianapolis, Kairo, Kapstadt, Manila, Maidenhead, Neu-Delhi, Singapur, Sydney, Teheran, Wien
Member of the World Sport Publishers' Association (WSPA)
Gesamtherstellung: Print Consult GmbH, München

MIX
Paper from responsible sources
FSC® C084279

ISBN 978-3-8403-7798-3
E-Mail: verlag@m-m-sports.com
www.dersportverlag.de

Inhalt

Vorwort

Durch unsere tägliche Arbeit auf der Schul-, Vereins- und Verbandsebene ist der Bedarf an zielgruppenspezifischer Literatur geweckt worden. Das vorliegende Buch orientiert sich an den Grundprinzipien des Lernens und stellt zielgruppengerechte Spielformen vor. Die Spiele wecken Interesse, Freude und Motivation bei den Spielern und haben eine hohe Bedeutung für den Trainingsprozess.

Das Buch greift das enorme Potenzial von Spielen und Wettkämpfen auf. Es bietet den Spielern optimale Lernbedingungen, um allumfassende Spielerfahrungen zu sammeln sowie Techniken und Taktiken zu festigen. Für uns steht die spielerische Wissensvermittlung im Vordergrund, da diese allen Spielern einen Zugang zum Lernen ermöglicht. Gleichzeitig zielt sie auf die nächste Entwicklungsstufe ab.

Die im Buch dargestellten Spiele sind für alle Altersklassen ab der E-Jugend geeignet. In den älteren Jahrgängen sollten die Steuerungsmittel im Training (Raum, Regeln, Tore, Spieleranzahl und Zeit) jedoch besonders berücksichtigt werden. Der Praxisteil dieses Buchs umfasst 72 Spiele, gegliedert in Aufwärmspiele, Hauptteile, Turnierformen/Abschlussspiele und einen Athletikteil. Alle Spiele können individuell und je nach Trainingsschwerpunkt zu einer kompletten Trainingseinheit kombiniert werden. Durch diese Funktionalität wird sichergestellt, dass der Leser die vorgestellten Spielformen sofort im eigenen Training anwenden kann.

Ein Dank geht an Marwin Bolz, der die Erstkonzeption des Buchs mit einigen Ideen begleitet hat.

Wir wünschen den Lesern viel Spaß beim Ausprobieren und Weiterdenken der Spielinhalte.

„Mit Freude lernen – ein Leben lang" (Hüther, 2016).

Stefanie Basler und Mirko Braun

DFB-Stützpunkttrainer Hamburg-Mümmelmannsberg

Legende

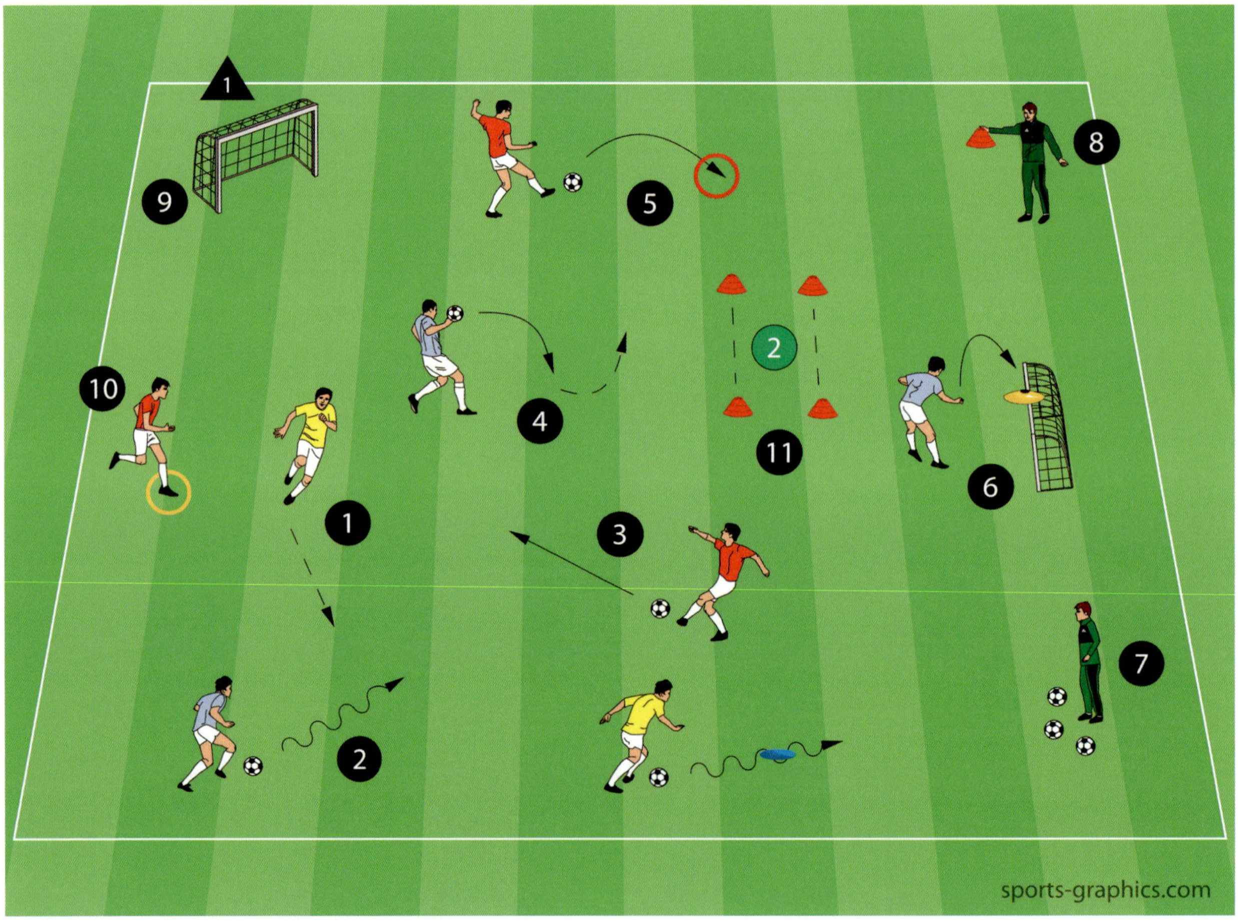

Legende

1: Laufweg (gestrichelte Linie).

2: Dribbling (geschwungene Linie).

3: Passweg und Torschuss (durchgezogene Linie).

4: Der Spieler wirft einen Ball auf den Boden (durchgezogene Linie), der anschließend hochspringt (gestrichelte Linie).

5: Der Spieler lupft einen Ball in einen Ring (durchgezogene Linie).

6: Der Spieler dreht ein Leibchen über die Torlatte (durchgezogene Linie).

7: Der Trainer steht bereit, um Ersatzbälle einzuspielen.

8: Der Trainer gibt ein visuelles Signal.

9: Minitor mit Nummerierung.

10: Der Spieler betritt einen Ring.

11: Für einen Torabschluss aus der Zone zwischen den beiden Hütchen erhält das Team zwei Punkte.

1 Einleitung

„Wir wollen spielen!“ Diesen Satz wird jeder Trainer schon einmal von seinen Spielern gehört haben. Wir haben uns diesem verständlichen Wunsch der Spieler angenommen und wollen das Lernen durch Fußballspiele ermöglichen. Das vorliegende Buch beinhaltet daher effektive Fußballspiele, die auf 11 ausgewählten Spielleitlinien beruhen und ein individuelles sowie mannschaftstaktisches Spielerverhalten implizieren. Ziel des Buchs ist es, praktikable, intensive und innovative Spielideen vorzustellen, die technische und taktische Gesichtspunkte betonen.

Die in diesem Buch vorgestellten Fußballspiele zeichnen sich stets durch einen Spielcharakter sowie einen koordinativen, polysportiven und kognitiven Ansatz aus. Im Training ist ein Augenmerk auf die detailorientierte Spiel- bzw. Bewegungsausführung zu legen.

Im folgenden theoretischen Input werden vorab die eigenen Trainerkompetenzen analysiert und für alle Trainer im Kinder- und Jugendfußball dargestellt, um die persönliche Qualität in den Fokus zu rücken.

1.1 Trainerkompetenzen

Was für Kompetenzen bringen wir als Trainer optimalerweise mit und wie können wir sie gewinnbringend einsetzen? Strauch et al. (2019) haben ein Trainerkompetenzmodell entwickelt, das drei allgemeine Kompetenzen eines Trainers beschreibt. Sie sind die Voraussetzung, um die Freude der Kinder und Jugendlichen am Sport zu fördern und ein kindgerechtes Training durchzuführen:

- Kontextsensibilität (In welcher Situation findet das Training statt?)
- Sozial-emotionale Kompetenzen (Wie wird es gemacht?)
- Fachkompetenzen (Was wird gemacht?)

Die Kontextsensibilität bildet die grundlegende Kompetenz und wirkt sich auf alle weiteren Trainerkompetenzen aus. Sie beschreibt die Fähigkeit des Trainers, zu erkennen, in welcher Situation und mit welcher Trainingsgruppe (Alter, Vorerfahrung, Geschlecht, Persönlichkeit der Spieler, soziale und körperliche Bedingungen) das Training stattfindet.

Im Kinder- und Jugendfußball wählt der Trainer eine kindgerechte Kommunikation (Sprache sowie Wortwahl) und passt diese zielgruppenspezifisch an. Auch an einzelne Spieler gilt es, die Kommunikationsweise individuell anzupassen. Jeder Spieler ist anders und sollte auch in seiner Besonderheit betrachtet werden. Die Erfahrungen des Trainers beeinflussen die Kontextsensibilität dabei immens.

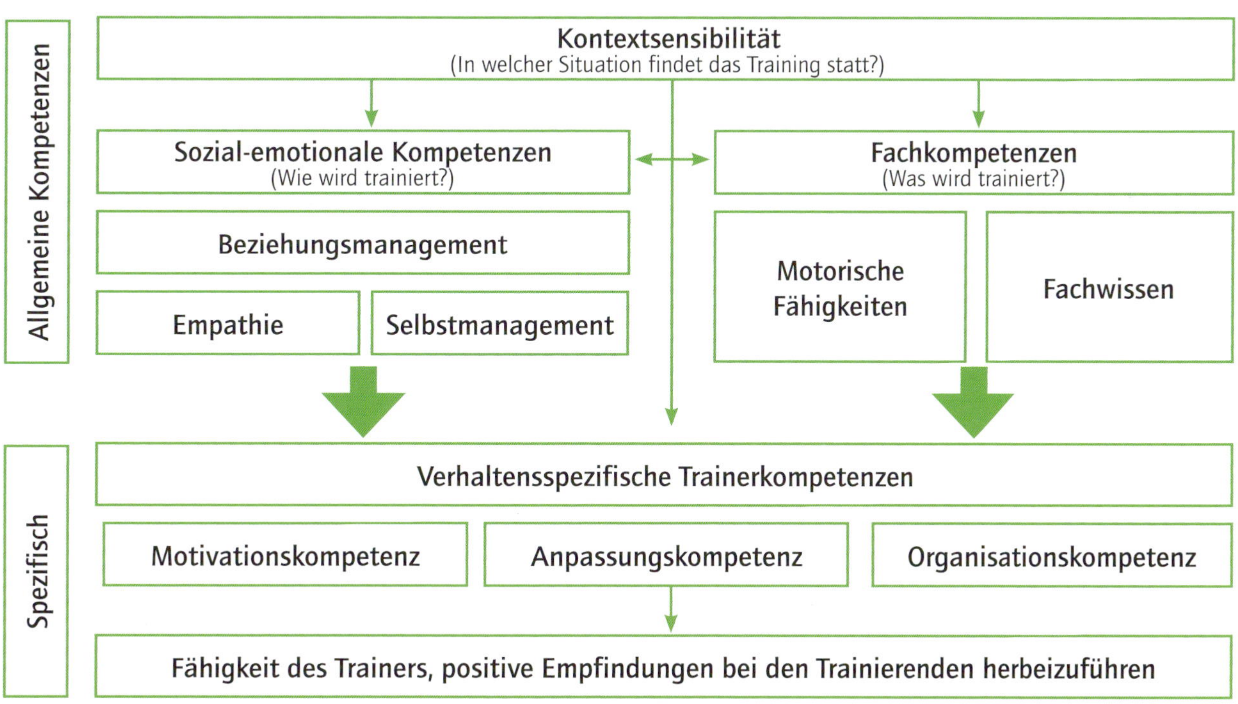

Abb. 1: Trainerkompetenzmodell (vgl. Strauch et al., 2019; DFB-Akademie, 2020)

Der erste Baustein der allgemeinen Kompetenzen besteht aus den sozial-emotionalen Kompetenzen. Hierzu gehört das Beziehungsmanagement, die Empathie und das Selbstmanagement. Das Beziehungsmanagement beschreibt die Fähigkeit, ein positives, interaktives Beziehungsverhältnis zum Spieler aufbauen zu können, um ihn positiv zu unterstützen und die Entwicklung einer adäquaten Beziehung zu fördern.

Dies geschieht durch eine effektive Kommunikation, die durch klare Coachinghinweise und ein gewinnbringendes Feedback gekennzeichnet ist. (Auf das Coaching wird im folgenden Kapitel 1.2 „Coaching und Kommunikation" detaillierter eingegangen. Hilfreiche Feedbackmethoden sind in Kap. 7 zu finden).

Weitere Kompetenzen für ein positives Beziehungsmanagement sind die Empathiefähigkeit und das Selbstmanagement. Empathie bedeutet, sich in die Perspektive des Spielers hineinzuversetzen, Verständnis für ihn aufzubringen, Motive und Persönlichkeitsmerkmale zu erkennen und nachzuempfinden. Der Trainer kennt seine Spieler und fühlt/spürt im Idealfall mit ihnen. Er sieht das Individuum in jedem Einzelnen und sorgt somit für eine positive Umgebung.

Das Selbstmanagement ist durch Seriosität, Aufmerksamkeit, Authentizität, Demut und Selbstkontrolle gekennzeichnet. Im Fokus steht hierbei, die eigenen Emotionen zu regulieren und zu hinterfragen, welchen Einfluss ein hektisches Coaching auf die Spieler haben kann.

Die Fachkompetenzen stellen den zweiten Baustein der allgemeinen Kompetenzen dar. Hiermit ist gemeint, dass der Trainer in der Lage ist, sein sportartspezifisches Fachwissen und seine motorischen Fähigkeiten, in Theorie und Praxis, anwenden zu können.

Die Kontextsensibilität des Trainers sowie die Inhalte der allgemeinen Kompetenzen führen zur verhaltensspezifischen Trainerkompetenz. Sie beinhaltet die Motivationskompetenz, die Anpassungskompetenz und die Organisationskompetenz. In der folgenden Tabelle werden die Teilkompetenzen der verhaltensspezifischen Trainerkompetenz genauer beschrieben.

Tab. 1: Verhaltensspezifische Trainerkompetenzen (vgl. Strauch et al., 2019)

Motivationskompetenz	Anpassungskompetenz	Organisationskompetenz
Der Trainer lobt, ermutigt, bekräftigt seine Spieler positiv und zeigt Humor. Er schafft eine angenehme Lernatmosphäre und erhöht somit die Bereitschaft zur Interaktion.	Zielgruppenspezifisch passt er sein Verhalten im Trainingsprozess an die Bedürfnisse seiner Spieler an und wählt seine Trainingsinhalte bedacht aus.	Der Trainer koordiniert seine Trainingseinheiten strukturiert mit einer sinnvollen Methodik.

Die Sportpsychologen Strauch et al. (2019) betonen, dass positive Empfindungen bei den Trainierenden entstehen, wenn die dargestellten Trainerkompetenzen in einem optimalen Zusammenspiel bestehen. Die Fähigkeiten und Kompetenzen des Trainers haben direkten Einfluss auf die Freude der Kinder und Jugendlichen am Sport.

Die Gestaltung der Interaktion zwischen Trainer und Spieler gehört, wie oben dargestellt, zu den allgemeinen Trainerkompetenzen. Da das Coaching elementarer Bestandteil eines jeden Trainings ist und direkten Einfluss auf die Beziehung zwischen Trainer und Spieler nimmt, ist es erforderlich, dass wir uns als Trainer tiefergehende Gedanken zu diesem Thema machen. Im nächsten Kapitel wird daher detaillierter auf die Kommunikation und das Coaching eingegangen.

1.2 Coaching und Kommunikation

Wir leben in einer globalisierten, digitalisierten und schnelllebigen Welt. Dies hat zur Folge, dass klare Strukturen und Orientierungspunkte im Alltag der Kinder und Jugendlichen erforderlich sind. Beziehungen zu Bezugspersonen (z. B. Trainer und Lehrer) sind tiefgründig und nachhaltig aufzubauen. Vor dem Hintergrund einer gesunden sozialen, emotionalen und kognitiven Entwicklung der Kinder und Jugendlichen sind diese gesellschaftlichen Umstände besonders herausfordernd (vgl. Winterhoff, 2019, S. 39). Die jungen Menschen benötigen Orientierung und klare Strukturen.

Das gilt auch für den Fußball und das Training. In diesem Kapitel wird detailliert auf die Interaktion zwischen Trainer und Spieler sowie auf Kommunikationsklippen eingegangen. Es wird dargestellt, wie der Trainer durch seine Sprache die Motivation der Spieler fördern kann, um mit spielfreudigen und mutigen Spielern trainieren zu können. Über allen Gedanken zum Thema Coaching steht für uns dabei der Satz: *„Hilf mir, es selbst zu tun!"* (Montessori).

Dieser berühmte Satz aus der Reformpädagogik von Maria Montessori beschreibt exakt den Charakter der Beziehungsgestaltung zwischen Spieler und Trainer. In dieser orientierenden Beziehung lässt der Trainer den Spieler erleben, wenn er etwas gut gemacht hat oder wenn er die Regeln nicht eingehalten hat.

Klare Strukturen, beispielsweise in Form von überschaubaren Regeln, sind elementar, um produktiv trainieren zu können und ein sozialverträgliches Miteinander in der Trainingsgruppe zu ermöglichen. Ziel ist es, ein produktives Lernumfeld und einen adäquaten Rahmen zu schaffen, indem es möglich ist, zu lernen. Dafür ist das Aufstellen gewisser Regeln zielführend.

Zudem ist auch eine vertrauensvolle und positive Beziehung zwischen Trainer und Spieler notwendig, damit sich Letzterer weiterentwickeln kann. Vielen wird in diesem Zusammenhang die Hattie-Studie ein Begriff sein. Der neuseeländische Bildungsforscher John Hattie hat 15 Jahre lang über 700 Metastudien zum Thema Schule analysiert. 2008 veröffentlichte er eine Liste von 138 Faktoren, die erfolgreiches Lernen fördern, hemmen oder sogar behindern.

Ein vertrauensvolles Verhältnis zwischen Schüler und Lehrer, das Lehrerfeedback und die Klarheit der Lehrperson stehen dabei weit oben auf Hatties Liste der positiven Einflussfaktoren (vgl. Winterhoff, 2019, S. 43). Trivial ist hier der enge Bezug zwischen Schule und Fußball sowie zwischen Lehrperson und Trainer. Die Klarheit der Lehrperson (des Trainers) und das Trainerfeedback (das Coaching) haben direkten Einfluss auf die Beziehung zwischen Spieler und Trainer. Durch die Interaktion dieser beiden Personen wird die Beziehung ausgestaltet.

Grundlegend für die folgenden Ausführungen zum Thema „Coaching" ist weiterhin der Gedanke von Montessori: „Hilf mir, es selbst zu tun!" Es geht bildlich gesprochen darum, den Spieler an die Hand zu nehmen und ihm mögliche Wege aufzuzeigen.

Jedem Trainer stellt sich jedoch die Frage: „Wie coache ich meine Spieler so, dass die angeführten Inhalte produktiv aufgenommen werden und sich die sportliche Leistung durch mein Coaching verbessert?" Der Spieler soll dabei immer frei von Gefühlen wie Unmut und Demotivation sein. Zur Beantwortung dieser Frage ist die Betrachtung der Anatomie einer Nachricht essenziell.

Der Psychologe und Kommunikationswissenschaftler Friedmann Schulz von Thun entwickelte hierzu ein Modell – das Kommunikationsquadrat. Der Inhalt einer Nachricht wird dem Modell nach, auf vierfache Weise wirksam: Auf der Sachebene, auf der Ebene der Selbstkundgabe, auf der Beziehungsebene und auf der Appellebene.

Schulz von Thun visualisierte diese vier Ebenen durch ein Quadrat (das Kommunikationsquadrat) und ordnet dem Sender der Nachricht (z. B. Trainer) vier Schnäbel, sowie dem Empfänger der Nachricht (z. B. Spieler) vier Ohren zu. Analytisch betrachtet, sind demnach an jeder Interaktion vier Schnäbel und vier Ohren beteiligt. Die Qualität des Gesprächs hängt davon ab, in welcher Weise diese vier Ohren und vier Schnäbel zusammenwirken (Dorlöchter & Stiller, 2005, S. 79).

Der folgende detaillierte Blick auf die vier verschiedenen Seiten des Kommunikationsquadrats zeigt, wie komplex der kommunikative Prozess ist.

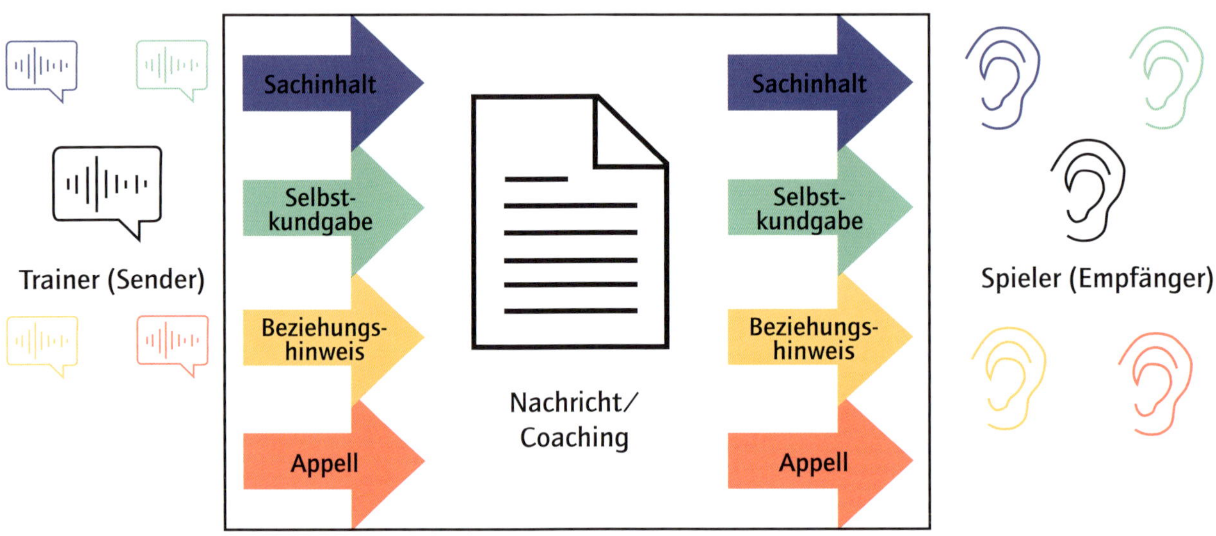

Abb. 2: Das Kommunikationsquadrat (orientiert an: https://www.schulz-von-thun.de/die-modelle/das-kommunikationsquadrat)

Auf der *Sachebene* einer Interaktion steht die Sachinformation im Vordergrund. Hier sind die Daten und Fakten essenziell. Es gilt sowohl das Wahrheitskriterium, wahr oder unwahr bzw. zutreffend oder nicht zutreffend, als auch das Kriterium der Relevanz: Sind die angeführten Sachinformationen für das anstehende Thema von Bedeutung oder nicht?

Als drittes Kriterium gilt die Hinlänglichkeit: Sind die Sachhinweise ausreichend oder muss vieles andere auch bedacht werden? Für den Sender ist es elementar, den Sachverhalt klar und verständlich zu vermitteln. Der Empfänger, welcher das Sachohr aufgesperrt hat, hört auf Daten, Fakten und Sachhinweise (ebd., S. 79-80).

Auf der Ebene der *Selbstkundgabe* gilt, dass jede Person, die eine Nachricht sendet, auch immer etwas von sich selbst preisgibt. Jede Äußerung enthält folglich Hinweise darauf, was in dem Sender vorgeht, wie ihm ums Herz ist, wofür er steht und wie er seine Rolle auffasst. Dies kann in der Kommunikation bewusst oder unbewusst geschehen.

Des Weiteren kann die Selbstkundgabe explizit, durch Ich-Botschaften oder implizit verlaufen. Während der Sender also auf der Ebene der Selbstkundgabe implizit oder explizit, bewusst oder unbewusst, Informationen über sich preisgibt, nimmt der Empfänger diese mit dem Selbstkundgabe-Ohr auf: Was sagt mir das über den anderen? Wie ist er gestimmt? (ebd., S. 80).

Auf der *Beziehungsebene* verhält es sich ähnlich. Wenn beispielsweise der Trainer seinen Spieler anspricht, dann gibt er durch Formulierung, Tonfall, Mimik und Gestik auch zu erkennen, wie er zu seinem Spieler steht und was er von ihm hält. Der Sender kann diese Hinweise bewusst oder unbewusst transportieren.

Entscheidend ist, zu wissen, dass der Empfänger oft ein besonders sensibles, (über-)empfindliches Beziehungs-Ohr besitzt. Der Empfänger entscheidet auf der Basis von diesem Ohr: Was hält der andere von mir und wie steht er zu mir? Fühle ich mich durch die angebrachten Inhalte wertgeschätzt oder abgelehnt, missachtet oder sogar gedemütigt (ebd., S. 80)?

Auf der *Appellebene* will der Empfänger Einfluss nehmen. Wenn eine Person das Wort ergreift und es an eine andere Person richtet, dann will das Individuum in der Regel auch etwas bewirken. Offen oder verdeckt können beispielsweise Wünsche, Appelle, Ratschläge oder Handlungsanweisungen geäußert werden. Das Appell-Ohr ist folglich besonders empfangsbereit für die Frage: Was soll ich jetzt (nicht) machen, denken, fühlen oder tun (ebd., S. 80).

Die Komplexität, die mit dem Senden einer Nachricht einhergeht, ist damit deutlich dargestellt. Was die zwischenmenschliche Kommunikation immens erschwert, ist, dass der Empfänger prinzipiell die freie Auswahl hat, auf welche Seite der Nachricht er reagieren möchte.

Diese freie Auswahl kann zu Missverständnissen führen. Wenn beispielsweise der Empfänger auf eine Seite Bezug nimmt, auf die der Sender das Gewicht gar nicht legen wollte oder der Empfänger überwiegend nur mit einem Ohr hört und sich auf dem anderen taub stellt, dann sind Missverständnisse unvermeidlich. Eine ausgewogene „Vierohrigkeit“ sollte folglich zu einer kommunikationspsychologischen Grundausrüstung des Empfängers gehören. Je nach Gesprächssituation ist dann zu entscheiden, auf welche Seite(n) zu reagieren ist (ebd., S. 80-81).

Kinder und Jugendliche haben dieses Stadium jedoch nicht erreicht. Sie sind besonders empfindlich auf der Seite des Beziehungs-Ohrs. Besonders wichtig ist daher eine klare, klippenfreie Kommunikation, um ein Vertrauensverhältnis zwischen Spieler und Trainer aufzubauen und damit Beziehungsarbeit zu leisten, die grundlegend für den Lernerfolg ist.

Wir möchten die Ausführungen an den folgenden beiden Beispielen erläutern. Louis ist Spieler einer E-Jugend-Mannschaft und wird von seinem Trainer in der Halbzeit angesprochen:

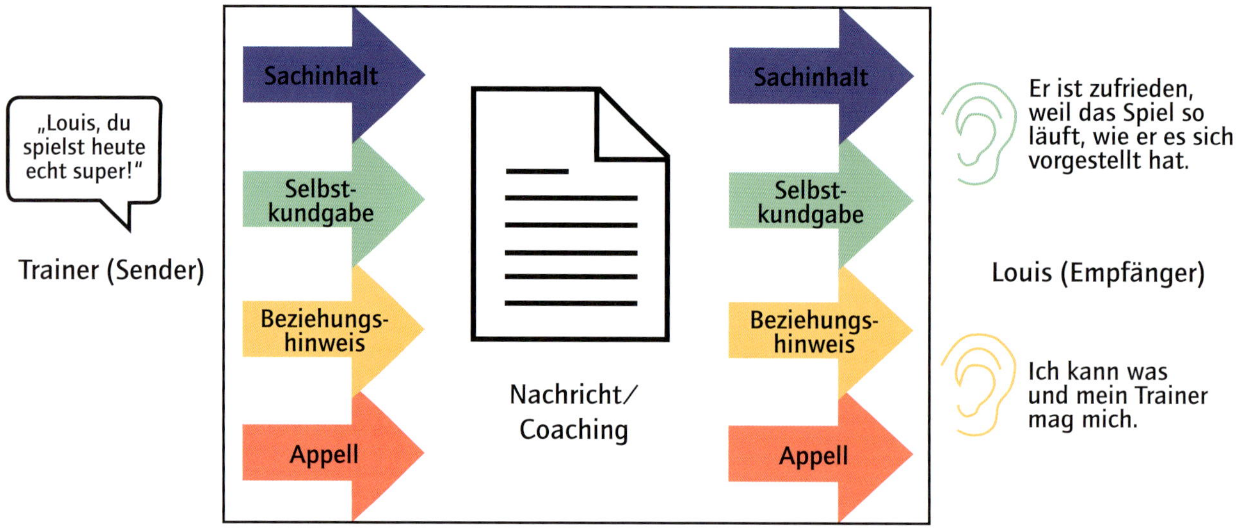

Abb. 3: Positives Coachingbeispiel

Die Kommunikation zwischen Spieler und Trainer ist wertschätzend, was auch den Beziehungsaufbau fördert. Louis wird, durch den Trainer, in seinem Handeln positiv bestärkt. Dies führt dazu, dass Louis sich als selbstwirksam wahrnimmt. Dadurch wird sowohl sein Selbstwertgefühl als auch sein Selbstbewusstsein gestärkt. Im alltäglichen Coaching aller Trainer sollte immer ein ressourcenorientierter Blick im Vordergrund stehen und die Stärken des Spielers sollten positiv wahrgenommen werden.

Erforderlich ist es auch, die Defizite eines Spielers anzusprechen. Dabei ist jedoch elementar, dass der Spieler immer klare Handlungsanweisungen mit auf den Weg bekommen sollte. Dadurch ermöglicht der Trainer einen produktiven Umgang mit den Schwächen und berücksichtigt den grundlegenden Gedanken des Coachings: „Hilf mir, es selbst zu tun." In der Kommunikation zwischen Trainer und Spieler empfehlen sich somit immer Aussagen, die das Ziel in den Blick nehmen.

Das folgende Negativbeispiel in Abbildung 4 zeigt eine Interaktion zwischen Spieler und Trainer, die jedes Wochenende vielfach auf Fußballplätzen stattfindet. Diese Art der Kommunikation ist ablehnend und hilft dem Spieler nicht weiter. Wir wollen an diesem Beispiel verdeutlichen, wie der Trainer zielgerichtet coachen kann und welche Seiten des Kommunikationsquadrats dabei berücksichtigt werden müssen.

Der Trainer ist unzufrieden mit dem Spiel seiner Mannschaft und findet einen Spieler besonders schwach. Vielleicht auch deswegen, weil er sich gerade von diesem Spieler mehr erwartet hätte. Louis kann die Nachricht auf den vier verschiedenen Ohren empfangen.

Da sich in der Nachricht aber kein expliziter Appell oder Sachinhalt erkennen lässt, wird Louis die Nachricht auf der Seite des Beziehungs-Ohrs empfangen. Die Seite der Selbstoffenbarung wird kein Kind identifizieren können, da die emotionale und soziale Psyche noch nicht so weit gereift ist. (Auch bei Erwachsenen setzt das Erkennen der Selbstoffenbarungsseite ein hohes Maß an Reflexionsvermögen voraus).

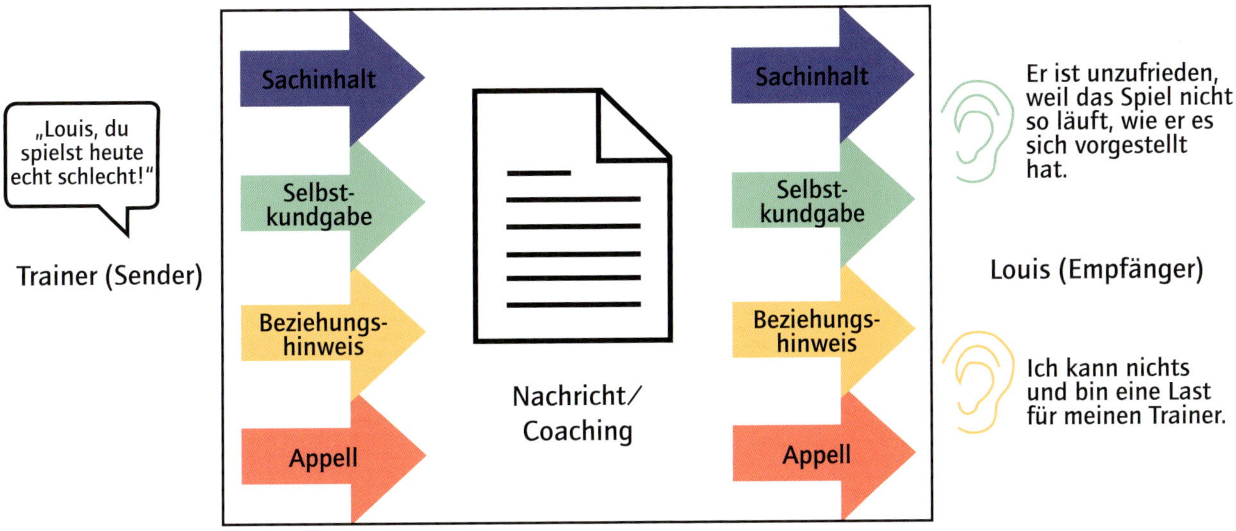

Abb. 4: Negatives Coachingbeispiel

Louis empfängt folglich die Nachricht: „Ich kann nichts und bin eine Last für meinen Trainer!" Der Trainer wird sicherlich nicht gewollt haben, dass Louis diesen Inhalt empfängt. Vielmehr wollte er Louis motivieren, damit er in der nächsten Halbzeit besser spielt und sich mehr anstrengt. Doch durch diese Art der Kommunikation erreicht der Trainer genau das Gegenteil und wird einen unmotivierten und resignierenden Louis auf dem Feld sehen.

Der Trainer hätte zielgerichtet gecoacht, wenn er Louis klare Anweisungen für die zweite Halbzeit mitgegeben hätte. Dem Spieler muss deutlich sein, was genau er verbessern soll oder worauf er besonders achten muss. Der Grundgedanke des Coachings: „Hilf mir, es selbst zu tun", muss in den Vordergrund rücken.

Mögliche Ideen sind: „Louis, achte darauf, dass du mit dem Ball mutig ins Zentrum dribbelst." „Louis, denke daran, Bälle in die Tiefe zu spielen." „Louis, achte darauf, dass du den Ball mit der Innenseite spielst." „Ich finde es stark, wenn du beide Füße benutzt."

Diese Art der Formulierung nimmt das Ziel in den Blick und macht den Spieler handlungsfähig, was wiederum das Gefühl der Selbstwirksamkeit stärkt. Appell- und Sachebene stehen in dieser Interaktion im Vordergrund.

Es liegt folglich an uns Trainern, die Kommunikation mit unseren Spielern so zu gestalten, dass sich Vertrauensverhältnisse entwickeln und dadurch die zum erfolgreichen Lernen notwendige Beziehung entstehen kann. Dazu gehört auch die Frage: Was, wann und wie viel coache ich als Trainer? Es geht also immer um ein situationsangemessenes Coaching.

Für den Spieler muss immer unmissverständlich klar sein, mit welchen Handlungen er sich weiter verbessern kann. Dies ermöglicht ein Gefühl der Selbstwirksamkeit, was sich wiederum positiv auf das Selbstwertgefühl und das Selbstbewusstsein auswirkt. Gerade diese Eigenschaften sind im modernen Jugendfußball essenziell.

1.3 11 Spielleitlinien

Die 11 Spielleitlinien sind die Basis für die nachfolgenden Spiele und dienen als Coachingschwerpunkte. Sie sind zielgerichtet formuliert, geben den Spielern klare Handlungsanweisungen und beinhalten eine explizite Sach- und Appellebene. Die Spielleitlinien folgen unserem Grundgedanken des Coachings. Alle Spielleitlinien können auch auf jeden einzelnen Spieler individuell bezogen werden.

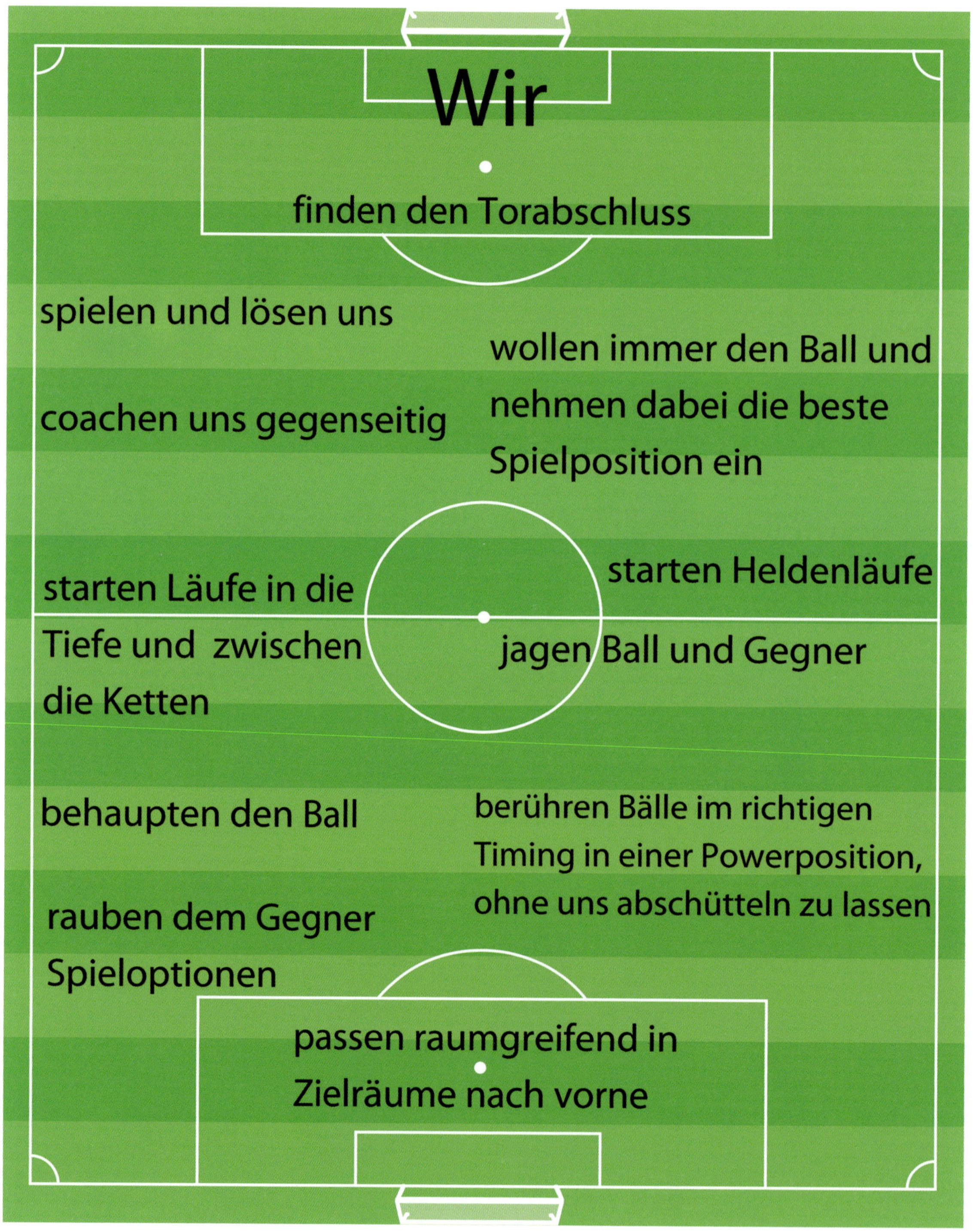

Abb. 5: 11 Spielleitlinien als Basis für die Coachingschwerpunkte (Bild: sports-graphics.com)

1. **Wir passen raumgreifend in Zielräume nach vorne:** Wir wollen situativ in die Tiefe spielen und in torgefährliche Räume vordringen – Tiefe vor Breite.
2. **Wir jagen Ball und Gegner**: Voller Power und im Kollektiv. Wir überfallen den Gegner clever, mit System und Struktur. Wir sprinten mehr und sind schneller als der Gegner.
3. **Wir behaupten den Ball:** Wir gewinnen jeden Zweikampf und setzen beide Füße und unseren Körper geschickt ein (Armeinsatz – halte dir den Gegner vom Leib).
4. **Wir berühren Bälle im richtigen Timing in einer Powerposition, ohne uns abschütteln zu lassen:** Wir üben Druck auf den Ball aus.
5. **Wir rauben dem Gegner Spieloptionen** (zum Beispiel Passräume): Wir sprinten Räume clever zu und üben Druck auf Ball und Gegner aus.
6. **Wir starten Heldenläufe:** Wir verteidigen unser Tor und wollen den Ball.
7. **Wir wollen immer den Ball und nehmen dabei die beste Spielposition/Positionierung ein:** Wir scannen das Spielfeld, denken und schauen in alle Richtungen. Wir überwinden den Gegner, indem wir das Zentrum bedrohen. Wir starten mutige Aktionen mit Ball.
8. **Wir starten Läufe in die Tiefe und zwischen die Ketten:** Tiefe und Zwischenräume erkennen. Bedrohen im Rücken des Gegners Räume unerkannt. Wir sind unsichtbar für den Gegner, wenn wir Bälle bekommen wollen oder binden Gegner, um Räume zu öffnen.
9. **Wir finden den Torabschluss:** Wir wollen Tore schießen! Wir schießen scharf und gezielt. Wir visieren die Ecken des Tors an. Wir differenzieren zwischen „geknalltem" Spannstoß und „gesetztem" Innenseitenschuss.
10. **Wir spielen und lösen uns:** Wir passen den Ball und sprinten in einen neuen Raum. Wir sind immer aktiv und anspielbar. Wir reißen das Spiel an uns und sind ballhungrig. Wir setzen Lauffinten geschickt ein und irritieren den Gegner.
11. **Wir coachen uns gegenseitig:** Wir unterstützen uns verbal auf dem Spielfeld, lernen voneinander und erreichen gemeinsam unsere Ziele. Wir kommunizieren immer positiv und zielgerichtet. Wir übernehmen Verantwortung und treten als Team auf.

2

Aufwärmspiele

Inhalt

2.1 Spiele mit Ringen

Spiel 1: Fangspiel mit Ringen

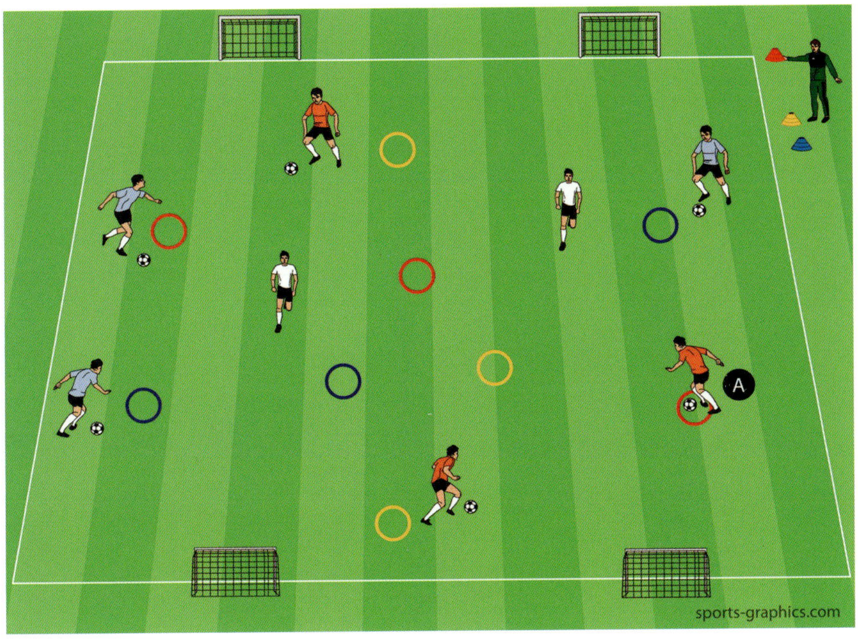

Aufbau/Organisation: 8-16 Spieler, 4 Minitore, Ringe in drei Farben, Bälle, Hütchen, Leibchen.

Spielziel: In diesem Spiel agieren die Fänger gegen die ballbesitzenden Spieler. Zwei Fänger (in Weiß) versuchen, die orangefarbenen und blauen Spieler zu ticken. Pro abgeticktem Spieler erhalten die Fänger einen Punkt. Die ballbesitzenden Spieler dribbeln frei im Feld und können sich in einem Ring (der Trainer zeigt die Farbe an) für drei Sekunden vor einem Fänger schützen (siehe A und Trainer). Die Ringe sind für die Fänger „Tabuzonen" und dürfen von den ballführenden Spielern nicht überlaufen oder überdribbelt werden. Der Trainer hält abwechselnd eine Hütchenfarbe hoch. Wird ein Spieler getickt, dribbelt er um ein Minitor. Anschließend ist er wieder frei und läuft zurück ins Feld. Welches Fängerteam hat in zwei Minuten die meisten Spieler abgetickt?

Variation 1: Fängerwechsel.

Variation 2: Die Läufer stoppen den Ball vor dem Ring und führen eine Koordinationsaufgabe (z. B. einen Einbeinstand oder eine Standwaage) im Ring durch. Anschließend dribbeln die Spieler wieder ins Feld.

Spielleitlinien:

- Wir sprinten in Räume.
- Wir scannen das Spielfeld, denken und schauen in alle Richtungen.
- Wir setzen Lauffinten geschickt ein und irritieren den Gegner.

Spiel 2: Technikwettkampf mit Ringen

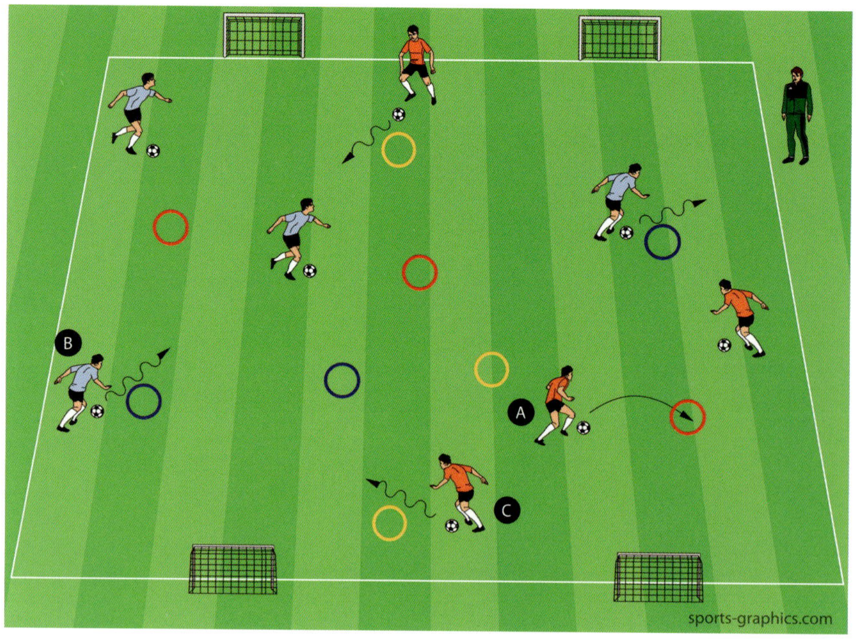

Aufbau/Organisation: 8-12 Spieler, Ringe in drei Farben, 4 Minitore, Bälle, 2 Teams, Leibchen.

Spielziel: In diesem Spiel agiert jeder gegen jeden. Die Spieler bewegen sich mit dem Ball frei im Feld und bespielen die Ringe. In die roten Ringe wird der Ball hineingelupft (siehe A), um den gelben Ring wird mit der rechten Innenseite eine ganze Runde gedribbelt (siehe C) und um den blauen Ring wird mit der linken Innenseite eine Runde gedribbelt (siehe B). Pro ausgeführte Aufgabe an einem Ring erhält der Spieler einen Punkt. Welcher Spieler hat nach drei Minuten die meisten Punkte?

Variation 1: Es wird vor den gelben und blauen Ringen eine Finte ausgeführt.
Variation 2: Fußwechsel (rechts/links) bei den roten Ringen und Wechsel von der Innenseite zur Außenseite bei den gelben und blauen Ringen.
Variation 3 (individueller Wettkampf auf Trainersignal): Die Spieler bespielen fünf Ringe und schließen dann auf ein Minitor ab. Der Ball wird im Anschluss eingesammelt und beim Trainer abgeklatscht. Die ersten drei Spieler gewinnen.
Variation 4 (Teamwettkampf auf Trainersignal): Die Spieler bespielen fünf Ringe und schließen dann auf ein Minitor ab. Anschließend sammelt sich das ganze Team an einem Minitor und alle Spieler berühren mit der Hand einen Pfosten. Welches Team gewinnt?

Spielleitlinien:
- Wir sprinten in Räume.
- Wir scannen das Spielfeld, denken und schauen in alle Richtungen.
- Wir wollen Tore schießen.

Spiel 3: Ring-Aktion

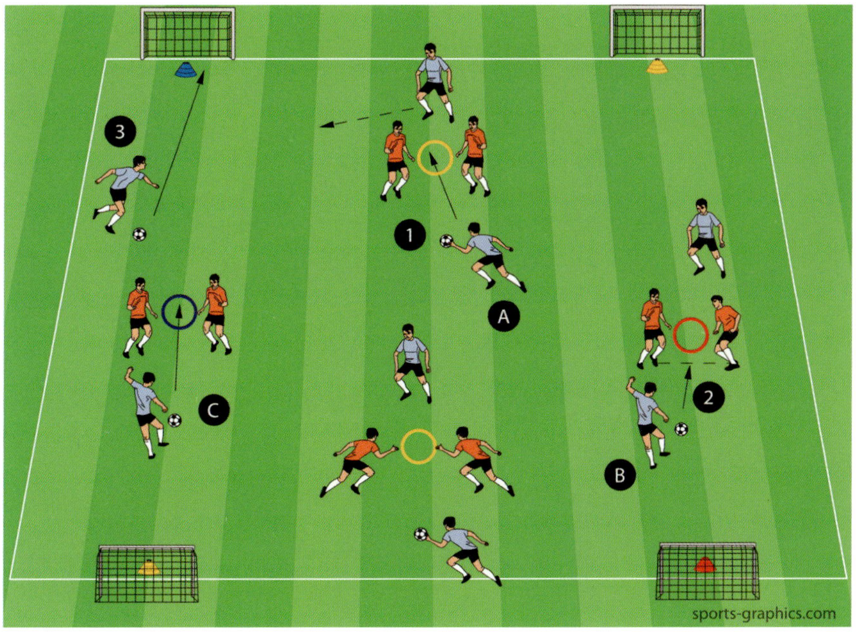

Aufbau/Organisation: 16 Spieler, Ringe in drei Farben, 4 Minitore, 4 Ringtore (siehe orangefarbene Spieler), Bälle, Hütchen, 2 Teams, Leibchen.

Spielziel: In diesem Spiel agieren Zweierteams gemeinsam. Die orangefarbenen Spieler halten die Ringe (bewegliche Tore) in den Händen. Die blauen Spieler werfen den Ball, zu zweit, durch die Ringe (siehe A und 1). Wenn vier Ringe bespielt wurden, dann dürfen die Spieler, per Wurf, auf ein Minitor abschließen. Im Anschluss wird der Ball aufgesammelt und von beiden Spielern nach oben gehalten. Die beiden schnellsten Teams bekommen einen Punkt. Es werden mehrere Runden gespielt.

Variation 1: Aufgabenwechsel.
Variation 2: Der Ball wird mit dem Fuß zu dem Mitspieler unter dem Ring hindurchgepasst (siehe B und 2).
Variation 3: Die Farbe des Rings gibt an, auf welches Minitor nach dem vierten Pass abgeschlossen werden darf.

Beispiel: Wird der vierte Pass unter einem beweglichen blauen Tor gespielt, dann muss auf das blau markierte Minitor abgeschlossen werden (siehe C und 3).

Hinweis: Die Spieler, die das bewegliche Tor in der Hand halten, achten darauf, dass sich der Ring stabil auf Brusthöhe befindet. Sie bewegen sich fortlaufend. Ein Durchwerfen der Ringe muss immer möglich sein.

Spielleitlinien:
- Wir coachen uns gegenseitig.
- Wir wollen immer den Ball und nehmen dabei die beste Spielposition ein.
- Wir wollen Tore schießen.

Spiel 4: Ringjagd I

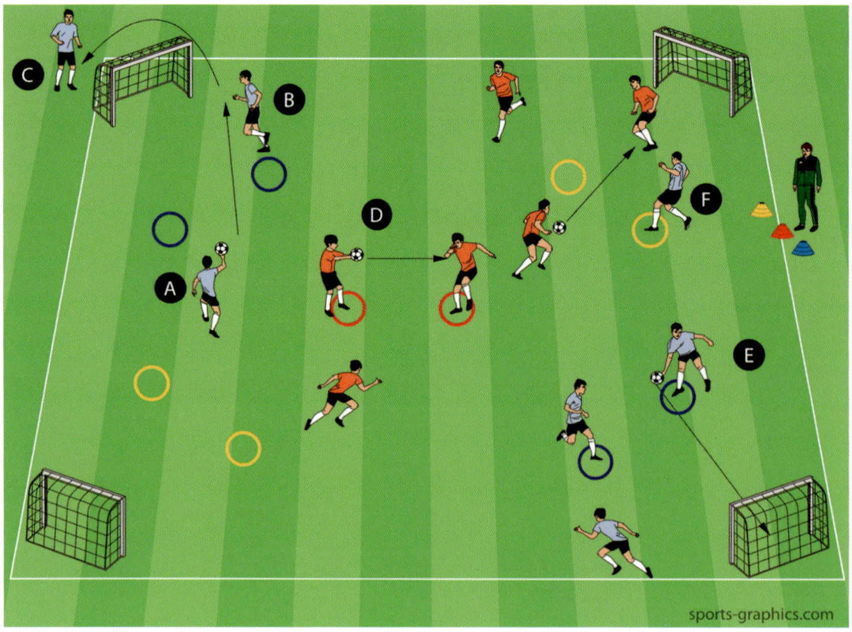

Aufbau/Organisation: 10-12 Spieler, 4 Minitore, Ringe in drei Farben, Bälle, Hütchen, 2 Teams, Leibchen.

Spielziel: In diesem Spiel agieren zwei Mannschaften gegeneinander. Jedes Team (in Blau und in Orange) erspielt Punkte für sich. Es kann ein Punkt erzielt werden, indem ein Spieler den Ball mit der Hand zwischen zwei Ringen hindurchwirft und ein dahinter stehender Mitspieler den Ball auffängt (siehe A und B). Der Fänger (siehe B) muss den Ball sofort zu einem weiteren Mitspieler, der hinter einem Minitor steht, spielen (siehe C – „Spiel über den Dritten"). Zudem können auch Punkte im Zentrum erzielt werden, wenn zwei Spieler jeweils einen Fuß in den roten Ring stellen und den Ball mit beiden Händen zum Mitspieler passen (siehe D). Des Weiteren kann ein Punkt erspielt werden, wenn zwei Spieler jeweils einen Fuß in den Ring stellen und anschließend den Ball flach in das Minitor rollen (siehe E). Welches Team schafft in zwei Minuten die meisten Punkte?

Variation 1 (Handwechsel): Punkte werden an den blauen und gelben Ringen mit der zweitstärksten Hand erzielt.

Variation 2 („Punktediebstahl"): Spieler des gegnerischen Teams können Punktmöglichkeiten zulaufen (siehe F).

Beispiel: Stellt ein blauer Spieler seinen Fuß in den Ring, an dem die orangefarbenen Spieler gerade punkten wollen, dann ist die Möglichkeit, zu punkten, vorbei und das orangefarbene Team muss sich neue Ringe suchen.

Variation 3: Der Trainer gibt vor, welche Ringfarben Punkte ermöglichen. Dafür stellt sich der Trainer vor die Hütchen und zeigt mit seinen Fußspitzen auf die Farben.

Variation 4: Es wird mit dem Fuß gespielt. Über das Minitor wird gelupft oder gepasst.

Spielleitlinien:

- Wir spielen und lösen uns.
- Wir wollen immer den Ball und nehmen dabei die beste Spielposition ein.

Spiel 5: Ringjagd II

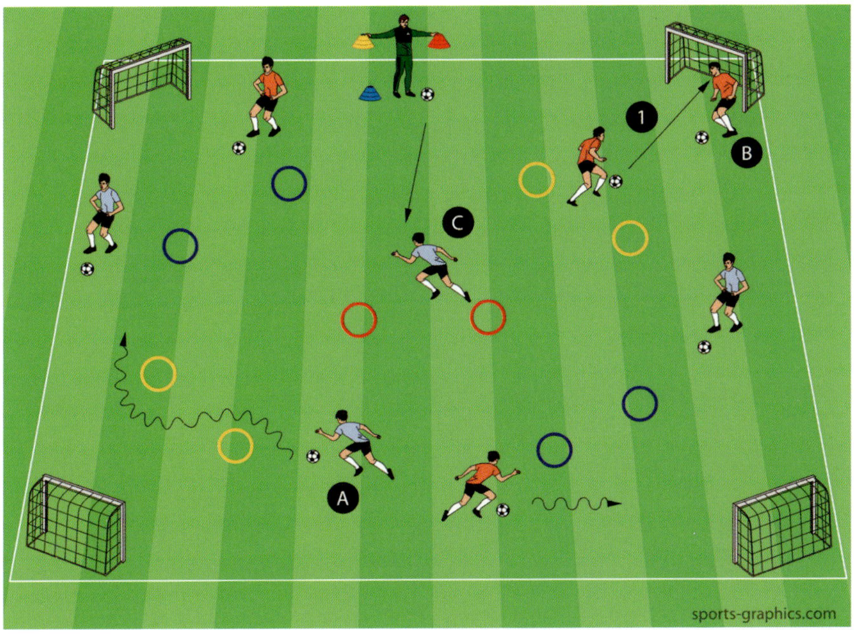

Aufbau/Organisation: 10-12 Spieler, 4 Minitore, Ringe in drei Farben, Bälle, Hütchen.

Spielziel: In diesem Spiel agiert jeder gegen jeden. Alle Spieler haben einen Ball am Fuß und dribbeln frei durch das Feld. Auf das optische Signal des Trainers durchdribbeln die Spieler die angezeigten Ringfarben im Slalom (siehe A). Hat ein Spieler alle Ringe durchdribbelt, schließt er auf ein Minitor ab und besetzt dieses bei Torerfolg (siehe 1 und B). Auf das besetzte Tor kann jetzt kein weiterer Punkt erzielt werden. Der nächste Spieler muss folglich auf die übrigen drei Tore abschließen und besetzt bei Torerfolg auch dieses Tor. Pro Runde werden folglich vier Punkte ausgespielt.

Variation 1: Die Ringe werden in einer „Acht" durchdribbelt.
Variation 2: Finte und Fußwechsel zwischen den Ringen. Der Torabschluss erfolgt mit dem zweitbesten Fuß.
Variation 3: Die beiden schnellsten Spieler erhalten einen zweiten Ball vom Trainer, mit dem sie auf ein weiteres Minitor abschließen können (siehe C).

Spielleitlinien:

- Wir sprinten in Räume.
- Wir wollen Tore schießen.
- Wir scannen das Spielfeld, denken und schauen in alle Richtungen.

Spiel 6: Fußballtennis

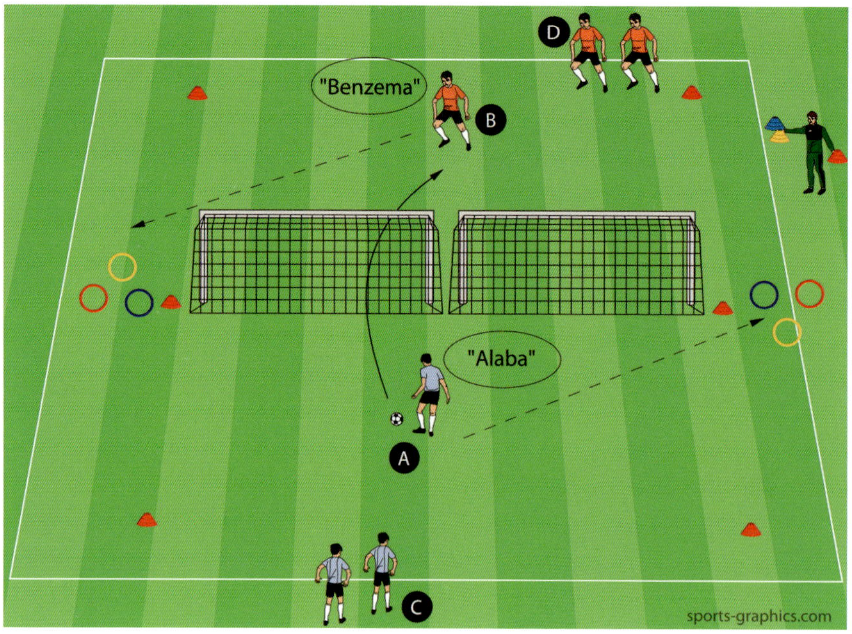

Aufbau/Organisation: 6-10 Spieler, 2 Tore, Bälle, Ringe in drei Farben, Hütchen.

Spielziel: Die Spieler agieren im Modus jeder gegen jeden und spielen im Rundlauf Fußballtennis. Spieler A eröffnet das Spiel auf B. Nach dem Abspiel werden in alphabetischer Reihenfolge Nachnamen von Fußballspielern genannt (siehe A). Danach läuft der Spieler rechts an den Toren vorbei und tippelt mit einem Kontakt in die durch den Trainer farblich angezeigten Ringe. Im Anschluss stellt sich der Spieler bei der anderen Gruppe (hier: Oben am Spielfeld) wieder an. C und D rücken ins Feld nach. Jeder Spieler zählt individuell seine Punkte. Ein Spieler hat in der ersten Spielrunde maximal drei Kontakte und der Ball darf nur einmal im Feld aufspringen. Welcher Spieler erspielt in vier Minuten die meisten Punkte?

Variation 1: Die Spieler nennen nach dem Abspiel die Namen von Nationalmannschaften. Dazu wird mit mindestens zwei, jedoch maximal mit drei Kontakten und mit Fußwechsel gespielt. Der Ball kann weiterhin einmal im Feld aufspringen.
Variation 2: Der Aufschlag wird als Dropkick gespielt. In den Ringen werden zwei schnelle Kontakte seitwärts und rückwärts ausgeführt. Der Trainer zeigt die Farbe an.

Spielleitlinien:

- Wir sind immer aktiv.
- Wir wollen immer den Ball und nehmen dabei die beste Spielposition ein.
- Wir scannen das Spielfeld, denken und schauen in alle Richtungen.

Spiel 7: Ringdreiecke

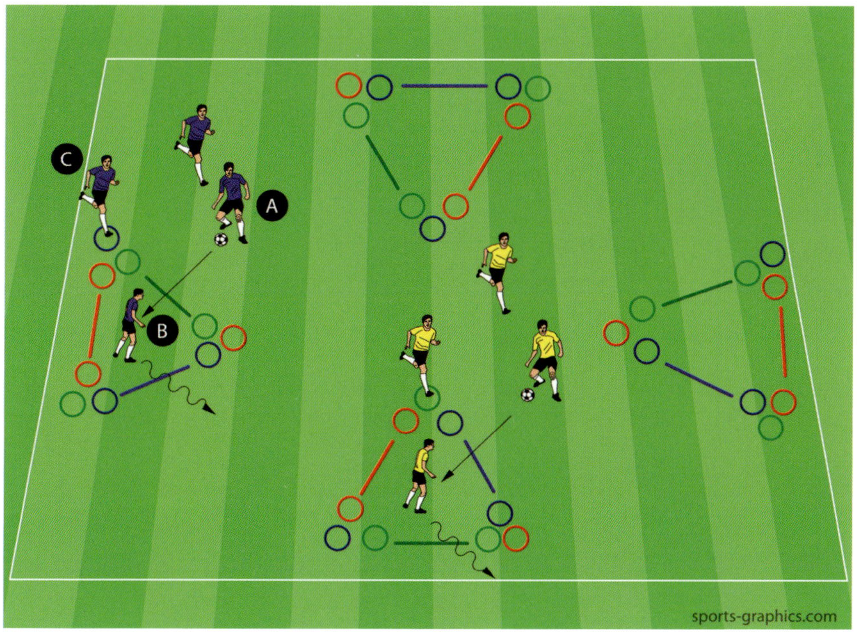

Aufbau/Organisation: 8-12 Spieler, Ringe in drei Farben, Bälle, Leibchen.

Spielziel: In diesem Spiel startet das gelbe Team und das blaue Team gleichzeitig mit einem Ball. Jede Mannschaft erspielt dabei Punkte für sich. Es kann ein Punkt erzielt werden, indem der Ball zu einem Mitspieler in ein Dreieck gespielt wird (siehe A und B). Ein weiterer Spieler des Teams betritt nun einen der Ringe, die an dem bespielten Dreieck liegen (siehe C). Die Farbe des Rings gibt an, über welche Seite der ballbesitzende Spieler das Dreieck verlassen kann (siehe B). Dribbelt der Spieler über die korrekte Seite aus dem Dreieck heraus, so erhält das Team einen Punkt. Welche Mannschaft hat zuerst fünf Punkte erspielt? Es werden mehrere Runden gespielt.

Variation 1: Der Ball wird weiterhin zu einem Mitspieler in ein Dreieck gespielt (siehe A und B). Ein anderer Spieler des Teams betritt wieder einen Ring am Dreieck. Die Farbe des Rings gibt nun an, über welche Seite der ballführende Spieler das Dreieck nicht verlassen darf.
Beispiel: Spieler C betritt den blauen Ring. Somit darf Spieler B das Dreieck über die grüne oder die rote Seite verlassen.
Variation 2 („Speedy Gonzales"): Spieler C muss alle drei Ringe an einer Seite des Dreiecks schnell mit dem Vorfuß ablaufen. Jetzt gibt die Farbe des zuletzt betretenen Rings die Seite an, über die der ballführende Spieler das Dreieck verlassen kann.

Spielleitlinien:
- Wir scannen das Spielfeld, denken und schauen in alle Richtungen.
- Wir wollen immer den Ball und nehmen dabei die beste Spielposition ein.
- Wir coachen uns gegenseitig.

2.2 Spiele mit Minibällen

Spiel 8: Miniball-Action I: Abwerfen

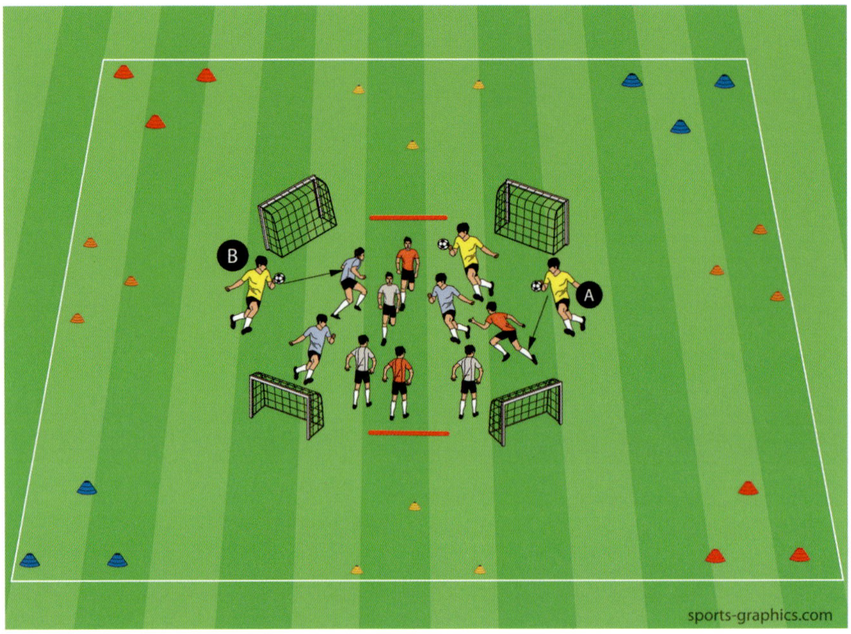

Aufbau/Organisation: 12 Spieler, 4 Teams, 4 Minitore, Hütchen, Stangen, Bälle, Leibchen.

Spielziel: In diesem Spiel agiert das gelbe Team gegen das blaue, graue und orangefarbene Team. Die Spieler bewegen sich im Feld zwischen den Minitoren. Die gelben Spieler (siehe A) haben einen Miniball in der Hand und versuchen, die anderen Teams an den Füßen oder am Schienbein abzuwerfen. Pro Treffer gibt es einen Punkt. Die Spielzeit pro Runde beträgt maximal zwei Minuten. Die Spieler, die abgeworfen wurden, laufen um ein Minitor und kommen dann wieder ins Feld zurück. Welches Team erzielt die meisten Punkte?

Variation 1: Tickerwechsel.
Variation 2: Handwechsel.
Variation 3: Nur der Rücken darf abgeworfen werden (siehe B).

Spielleitlinien:

- Wir setzen Lauffinten geschickt ein und irritieren den Gegner.
- Wir sprinten in Räume.
- Wir jagen Ball und Gegner voller Power und im Kollektiv.

Spiel 9: Miniball-Action II

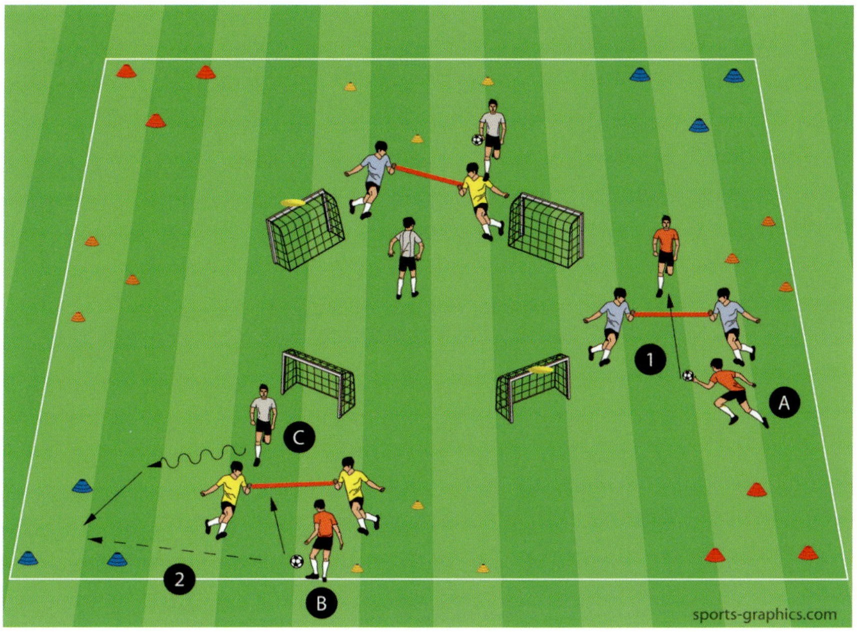

Aufbau/Organisation: 12 Spieler, 4 Teams, 4 Minitore, Hütchen, 3 Stangen, Bälle, Leibchen.

Spielziel: In diesem Spiel agieren immer Zweierteams zusammen. Die blauen und gelben Spieler haben eine Stange in der Hand. Sie sind die „beweglichen Tore" und laufen schnell durch das Feld. Die grauen und orangefarbenen Spieler können einen Punkt erzielen, indem sie den Miniball direkt über ein bewegliches Tor (über die Stange) zum Mitspieler werfen (siehe A und 1). Im Anschluss muss der Miniball immer durch ein Dreieck geprellt werden. Das Team, das zuerst vier bewegliche Tore und vier Dreiecke bespielt hat, schnappt sich die goldenen Leibchen, die in den zwei Minitoren im Zentrum angebracht sind. Welches Team gewinnt am häufigsten das goldene Leibchen?

Variation 1: Aufgabenwechsel.
Variation 2: Die Laufrichtung der beweglichen Tore ändern. (Ein Spieler läuft rückwärts; ein Spieler läuft vorwärts.)
Variation 3: Der Mitspieler wird durch einen Bodenpass mit der Hand angespielt.
Variation 4: Der Ball befindet sich am Fuß und wird unter der Stange durchgepasst (siehe B und C). Auch hier muss nach dem Durchpassen des beweglichen Tors wieder ein Dreieck bespielt werden (siehe 2).

Spielleitlinien:
- Wir sprinten in Räume.
- Wir spielen und lösen uns.
- Wir scannen das Spielfeld, denken und schauen in alle Richtungen.

Spiel 10: Koordination mit Minibällen

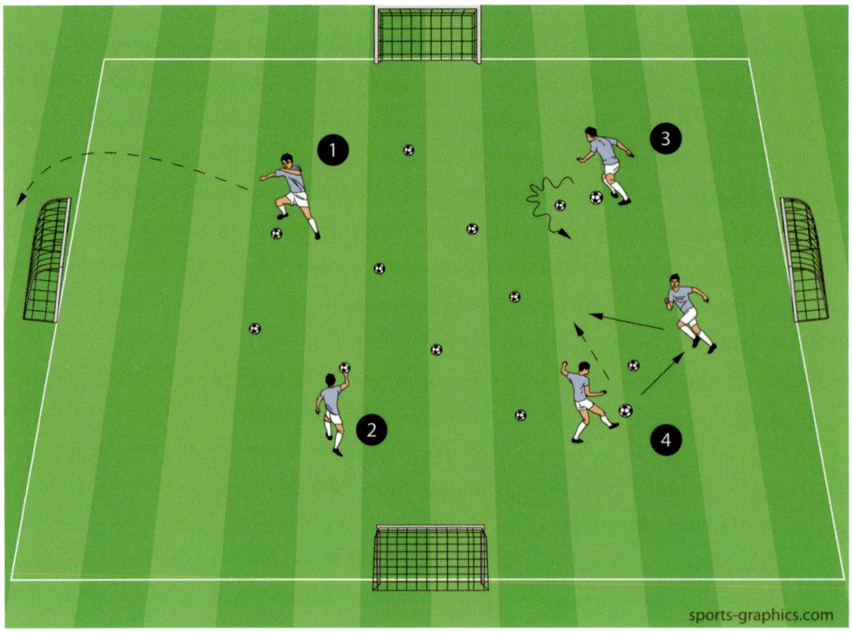

Aufbau/Organisation: 6-18 Spieler, 4 Minitore, 10 Minibälle, Bälle.

Spielziel: In diesem Spiel agiert jeder gegen jeden. Die Spieler springen einbeinig über einen Miniball und laufen anschließend um ein Minitor. Danach überspringen die Spieler einen zweiten Miniball und umlaufen ein weiteres Minitor (siehe 1). Wer zuerst vier Bälle übersprungen und vier Tore umlaufen hat, nimmt beide Arme nach oben. Der schnellste Spieler bekommt drei Punkte, der zweite Spieler bekommt zwei Punkte, der dritte Spieler einen Punkt. Welcher Spieler holt in zwei Minuten die meisten Punkte? Es werden mehrere Runden gespielt.

Variation 1: Die Spieler springen zuerst rückwärts und anschließend mit einer Drehung über den Miniball.
Variation 2: Wer zuerst vier Bälle übersprungen und vier Tore umlaufen hat, nimmt einen Miniball in die Hand und tickt die anderen Spieler an den Knien oder am Rücken ab (siehe 2). Pro geticktem Spieler erhält der Ticker einen Punkt. Wer hat in einer Minute die meisten Punkte erspielt?
Variation 3: Jeder Spieler hat einen Ball am Fuß, dribbelt um einen Miniball (siehe 3) und anschließend um ein Minitor. Wer drei Bälle und drei Minitore umdribbelt hat, darf auf ein Minitor abschließen und hält anschließend seinen Ball hoch. Welcher Spieler gewinnt?
Variation 4: Die Spieler haben zu zweit einen Ball am Fuß und umpassen die Minibälle mit Doppelpässen (siehe 4). Wer drei Minibälle und drei Minitore umpasst hat, darf auf ein Minitor abschließen und hält anschließend seinen Ball hoch. Welches Team gewinnt?

Spielleitlinien:

- Wir wollen immer den Ball und nehmen dabei die beste Spielposition ein.
- Wir starten mutige Aktionen mit Ball.

Spiel 11: Medaillenjagd auf Hütchentore

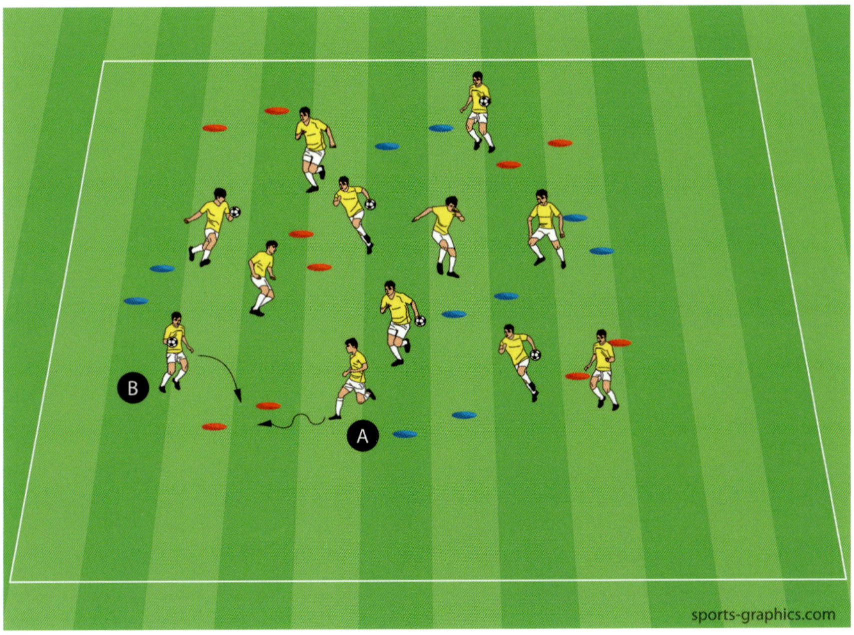

Aufbau/Organisation: 10-16 Spieler, Floor-Marker, Minibälle, Leibchen.

Spielziel: In diesem Spiel agiert jeder gegen jeden. Alle Spieler, die einen Ball in der Hand haben, werfen den Miniball durch ein markiertes Tor (siehe B). Die Spieler ohne Ball laufen schnell zu einem Hütchentor, lassen sich den Ball zuwerfen und spielen ihn mit der Handinnenfläche wieder zurück (siehe A). Kann der Ball durch den werfenden Spieler B aufgefangen werden, erhält Spieler A einen Punkt. Anschließend müssen sich beide Spieler ein neues Hütchentor suchen und auch einen neuen Partner finden. Nach circa zwei Minuten wechseln Anspieler und Punkte-Jäger die Rollen. Welcher Spieler hat zuerst sieben Punkte? Der Trainer verteilt Medaillen (Gold, Silber, Bronze) für die schnellsten drei Spieler. Es werden mehrere Runden gespielt.

Variation 1: Der Ball wird mit der Faust zurückgeboxt.
Variation 2: Der Ball wird als Kopfball durch das Hütchentor zurückgespielt.
Variation 3: Der Ball wird mit dem Oberschenkel zurückgespielt.
Variation 4: Der Ball wird mit dem Fuß zurückgespielt.

Spielleitlinien:

- Wir wollen immer den Ball und nehmen dabei die beste Spielposition ein.
- Wir coachen uns gegenseitig.
- Wir sind immer aktiv und anspielbar.

Spiel 12: Super Mario

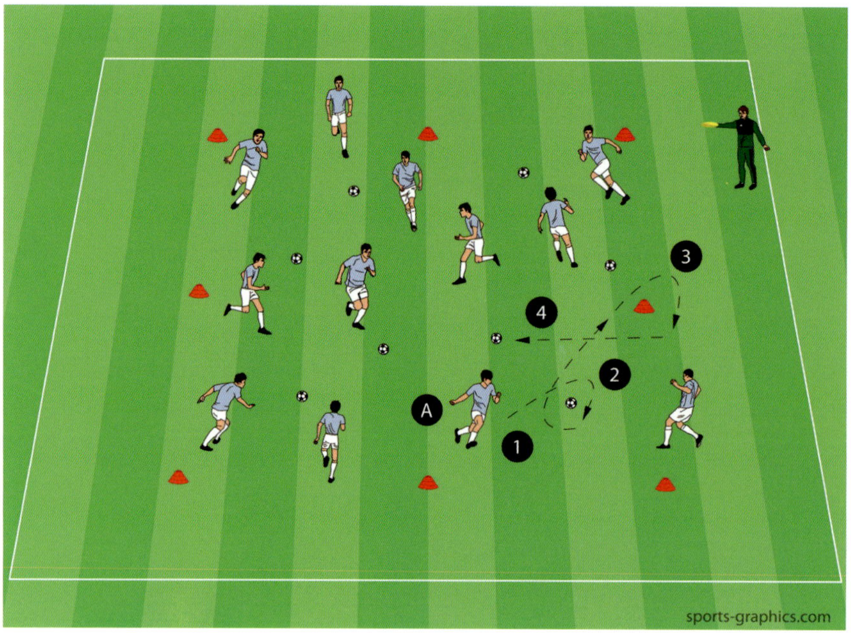

Aufbau/Organisation: 12 Spieler, Hütchen, ein Mario-Power-Leibchen, Minibälle.

Vorab: Dieses Spiel ist in Anlehnung an das bekannte Spiel „Super Mario" entstanden. Der Spieler, der als Erster das Spielziel erreicht, wird Mario und erhält das Mario-Power-Leibchen, das ihm „Superkräfte" verleiht. Mario erhält folgende „Superkräfte":

- Falls Mario keinen Miniball in der Hand hat, darf er einen Spieler mit Ball in der Hand abticken und den Ball nehmen.
- Mario kann andere Spieler mit dem Miniball abticken oder abwerfen und bekommt dafür einen Punkt. Er darf den Ball grundsätzlich behalten. Beim Werfen muss er dem Ball sofort nachlaufen.
- Mario hat drei Leben, bevor er seine Superkräfte und damit auch sein Power-Leibchen verliert. Wird er dreimal von den anderen Spielern mit einem Ball getroffen, erlischt seine Superkraft.

Spielziel: Die Spieler umlaufen (vorwärts) einen Miniball (siehe A, 1 und 2) und dann ein Hütchen, welches am Rand des Feldes aufgebaut ist (siehe 3). Im Anschluss wird ein weiterer Miniball umlaufen (siehe 4) und anschließend ein weiteres Hütchen umlaufen. Für einen umlaufenen Miniball und ein umlaufenes Hütchen gibt es einen Punkt. Wer hat zuerst sieben Punkte?

Der Spieler, der zuerst sieben Punkte erreicht hat, ruft „Mario". Er erhält vom Trainer das Mario-Power-Leibchen und bekommt die oben genannten Superkräfte. Alle Spieler dürfen nun zu den auf den Boden liegenden Minibällen greifen und versuchen, sich damit abzuticken (nicht werfen – das darf nur Mario). Es spielt also jeder gegen jeden. Pro abgeticktem Spieler gibt es einen Punkt. Wird ein Punkt erzielt, muss der Ball fallen gelassen und ein neuer Miniball aufgesammelt werden (Mario darf den Ball behalten). Auch Mario kann von den anderen Spielern mit einem Ball abgetickt werden. Wird er dreimal getroffen, verliert er seine Superkräfte und legt das Leibchen einfach auf den Boden, bis das Spiel zu Ende ist. Der Trainer muss die Leben von Mario mitzählen. Wer erzielt in einer Minute die meisten Punkte?

Variation 1: Die Spieler laufen vorwärts um den Ball und rückwärts um die Hütchen.

Variation 2: Die Spieler laufen rückwärts um den Ball und vorwärts um die Hütchen.

Variation 3: Der Miniball wird mit dem linken Fuß leicht von oben angetippt, ohne dass der Ball wegrollt. Anschließend wird auf dem rechten Bein um das Hütchen gehüpft.

Variation 4: Der Miniball wird mit dem rechten Fuß leicht von oben angetippt und auf dem linken Bein wird um das Hütchen gehüpft.

Variation 5: Die Spieler hüpfen mit beiden Füßen über den Miniball und laufen anschließend vorwärts um das Hütchen.

Variationen zum Abticken:

Variation 1: Nur der Rücken darf abgetickt werden.

Variation 2: Nur an der Schulter darf abgetickt werden.

Variation 3: Nur am Knie kann ein Spieler abgetickt werden.

Spielleitlinien:

- Wir jagen Ball und Gegner voller Power.
- Wir setzen Lauffinten geschickt ein und irritieren den Gegner.
- Wir sprinten in Räume.

Spiel 13: Drei-Seiten-Fangspiel

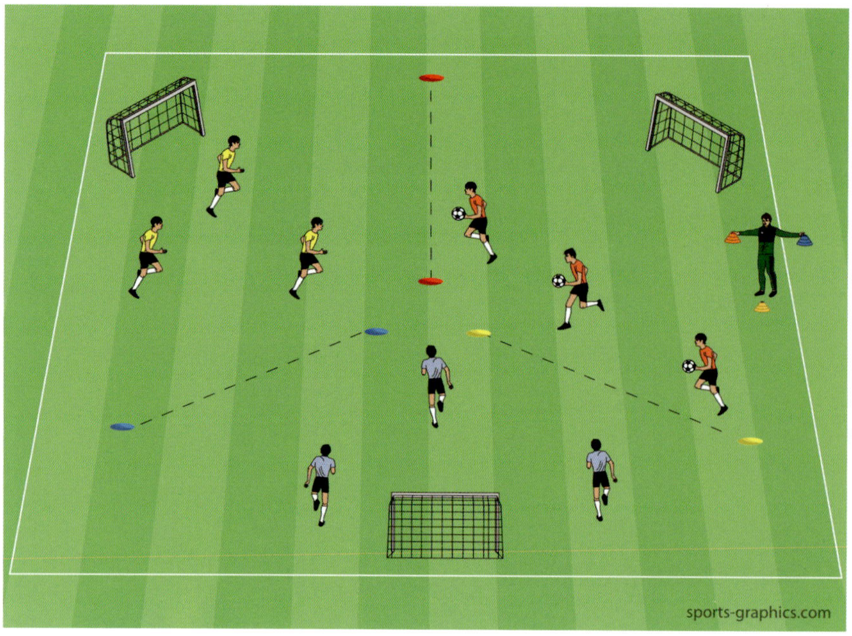

Aufbau/Organisation: 9-12 Spieler, 3 Teams, 3 Tore, Floor-Marker, Leibchen, Minibälle.

Spielziel: In diesem Spiel agiert die ballbesitzende Mannschaft gegen die anderen beiden Teams. Das orangefarbene Team hat die Minibälle in der Hand und versucht, die blauen und gelben Spieler damit zu berühren. Die gejagten Teams müssen in ihrem Feld bleiben, dürfen sich aber hinter dem eigenen Tor verstecken. Welches Team trifft in zwei Minuten die meisten Gegenspieler? (**Hinweis:** Jedes Team spielt eine Runde.)

Variation 1: Der Ball darf auch geworfen werden, um einen Gegenspieler zu berühren.
Variation 2: Alle Teams spielen gleichzeitig gegeneinander. Dabei dürfen auch Bälle aus den anderen Feldern genommen werden.
Variation 3: Der Trainer hält die zu jagenden Teamfarben mit Hütchen hoch.
Beispiel: Der Trainer hält ein orangefarbenes und ein blaues Hütchen hoch, so muss das gelbe Team jagen.

Spielleitlinien:

- Wir jagen Ball und Gegner voller Power.
- Wir scannen das Spielfeld, denken und schauen in alle Richtungen.
- Wir sprinten in Räume.

Spiel 14: Vielseitige Dreiecke

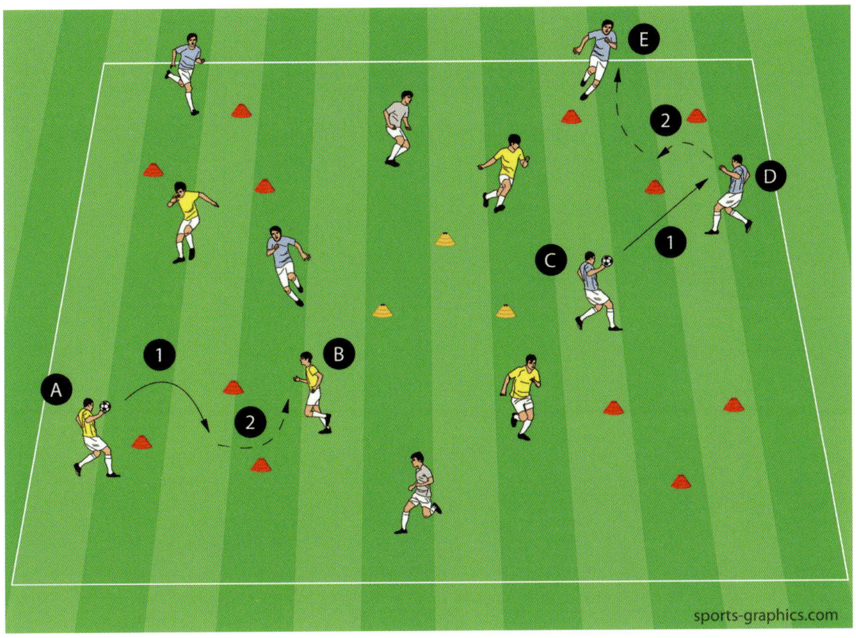

Aufbau/Organisation: 8-14 Spieler, 2 Teams, 2 neutrale Spieler, Hütchen, Leibchen, Minibälle.

Spielziel: Das blaue und das gelbe Team agieren gegeneinander. Die beiden neutralen Spieler (in Grau) gehören immer dem ballbesitzenden Team an. Das ballbesitzende Team wirft sich den Ball untereinander zu. Das verteidigende Team versucht, den Ball zu erobern. Es kann ein Punkt erzielt werden, indem eines der Dreiecke mit einem „Aufsetzer" durchspielt wird (siehe A und B). Dafür wird der Ball auf den Boden, in das Dreieck, geworfen (siehe A und 1). Der Mitspieler muss den vom Boden hochspringenden Ball direkt auffangen (siehe B und 2). Welches Team sammelt zuerst sieben Punkte? (**Hinweis:** Es kann mit zwei Bällen gleichzeitig gespielt werden.) Es werden mehrere Runden gespielt.

Variation 1: Der Ball muss mit der Handinnenfläche in das Dreieck geschlagen und dann von einem Mitspieler aufgefangen werden.
Beispiel: Ein Spieler muss den Miniball einem Mitspieler zuwerfen, der am Dreieck für den Miniball bereitsteht (siehe C, D und 1). Der Ball wird dann von Spieler D direkt aus der Luft, mit der Handinnenfläche, auf den Boden in das Dreieck geschlagen (siehe 2). Spieler E läuft zum Dreieck, um den hochspringenden Ball aufzufangen. Wird der Ball aufgefangen, erhält das Team einen Punkt.

Variation 2: Wenn eine der Aufgaben im gelben Dreieck absolviert wurde, erhält das Team zwei Punkte. Fällt der Ball auf den Boden, dann wechselt der Ballbesitz.
Variation 3: Die Bälle dürfen nur noch mit der zweitbesten Hand in das Dreieck geworfen/geschlagen werden.

Spielleitlinien:

- Wir bedrohen im Rücken des Gegners Räume unerkannt.
- Wir wollen immer den Ball und nehmen dabei die beste Spielposition ein.

Spiel 15: Hütchenalarm

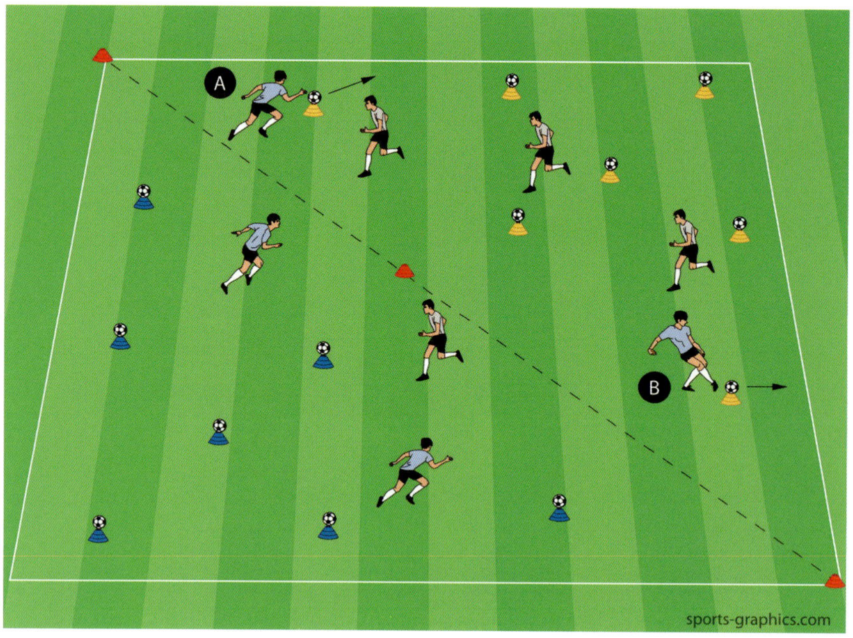

Aufbau/Organisation: 8-12 Spieler, 2 Teams, Hütchen, Leibchen, Minibälle auf den Hütchen.

Spielziel: In diesem Spiel agieren zwei Teams gegeneinander. Ziel ist es, alle Bälle der gegnerischen Mannschaft mit der Hand von den Hütchen hinunterzuwerfen (siehe A). In der gegnerischen Hälfte kann der Läufer (siehe A) von den grauen Spielern getickt werden. Wird der Spieler getickt, bevor der Ball auf dem Hütchen berührt wurde, muss er in seine eigene Hälfte zurücklaufen und kann dann erneut angreifen.

Variation 1: Die Bälle werden mit dem Fuß von den Hütchen heruntergepasst (siehe B). Wird ein Läufer getickt, führt er zunächst eine Kraft- oder Koordinationsübung aus (zum Beispiel: drei Liegestütze oder mit einem Bein über ein Hütchen springen). Anschließend läuft er zurück in seine eigene Spielfeldhälfte und kann dann erneut angreifen.

Variation 2: Jeder Spieler hat einen Ball am Fuß und darf die Bälle in der gegnerischen Hälfte von dem Hütchen herunterschießen.

Spielleitlinien:

- Wir jagen Ball und Gegner voller Power.
- Wir scannen das Spielfeld, denken und schauen in alle Richtungen.
- Wir sprinten in Räume.

2.3 Lauf- und Fußballspiele

Spiel 16: Leibchen on-off

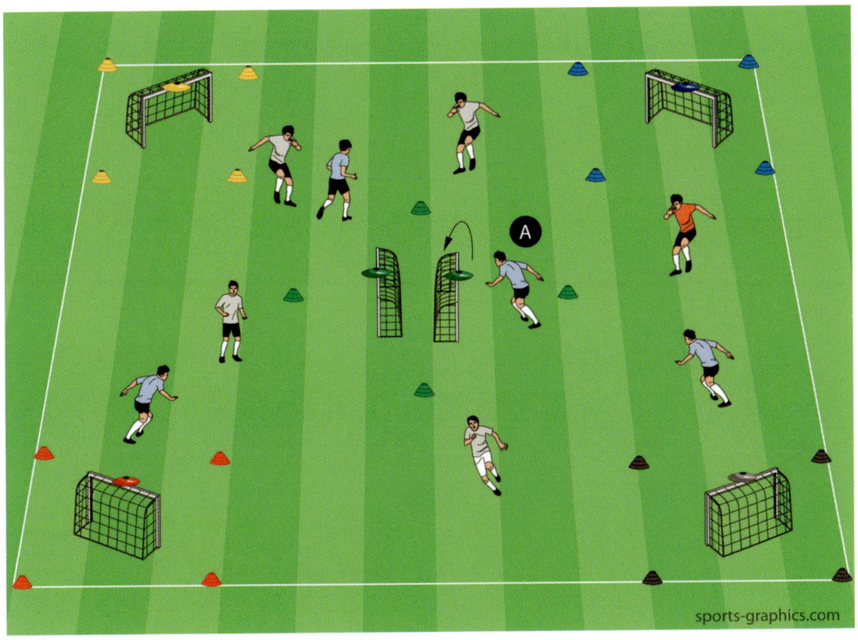

Aufbau/Organisation: 9-14 Spieler, Hütchen, 6 Minitore, Leibchen, 2 Teams.

Spielziel: In diesem Spiel agiert das blaue Team gegen das graue Team. Der neutrale Spieler (in Orange) gehört immer dem angreifenden Team an. Die mit den Hütchen markierte gelbe, grüne, graue, rote und blaue Zone ist eine Tabuzone für die Ticker und darf erst betreten werden, wenn der Angreifer die Zone verlassen hat. Ziel der blauen Angreifer ist es, die an den Toren herunterhängenden Leibchen über die Torlatte zu legen (siehe A). Die verteidigenden Spieler können dies verhindern, indem sie die angreifenden Spieler abticken oder die Leibchen zurückdrehen. Ein Leibchen kann jedoch erst zurückgedreht werden, wenn der Angreifer die Tabuzone verlassen hat. Ist ein Angreifer abgetickt, muss er um ein Minitor laufen oder einen Purzelbaum außerhalb des Feldes durchführen. Erst danach darf er erneut versuchen, ein Leibchen auf die Torlatte zu legen. Sind vier Leibchen gleichzeitig über der Torlatte, so ist dies der „Knock-out" für die Verteidiger. Schafft das angreifende Team in fünf Minuten einen „Knock-out"? (**Hinweis:** Pro umgedrehtes Leibchen gibt es einen Punkt. Lag nach fünf Minuten die Höchstzahl der umgedrehten Leibchen bei drei, so ist dies die erreichte Punktzahl.)

Variation 1: Läufer-/Tickerwechsel.
Variation 2: Alle Spieler haben einen Ball am Fuß. Um ein Leibchen umdrehen zu dürfen, muss der Ball auf der Linie des Quadrats gestoppt werden. Anschließend darf das Leibchen gedreht werden.

Spielleitlinien:

- Wir überfallen den Gegner clever, mit System und Struktur.
- Wir überwinden den Gegner, indem wir das Zentrum bedrohen.

Spiel 17: Fußball-Brennball-Chaos

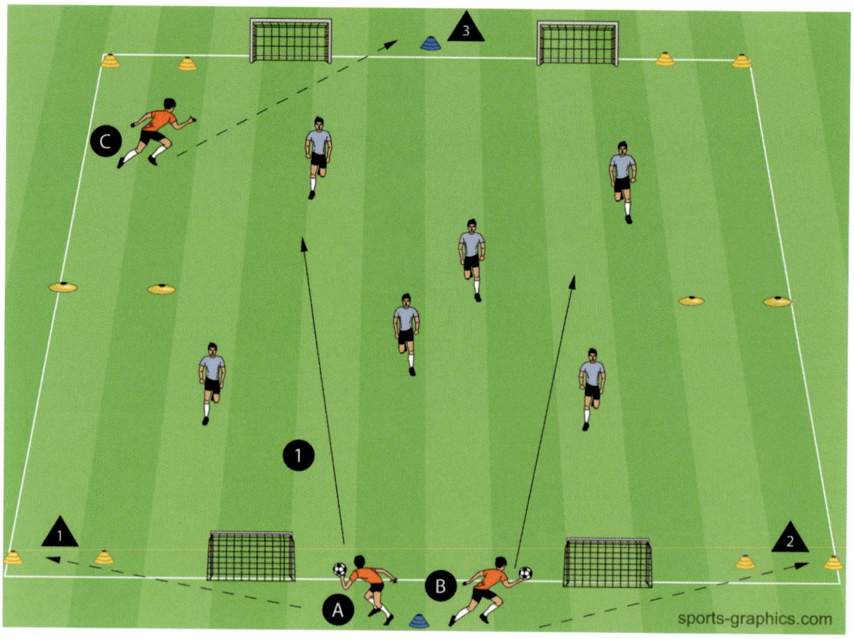

Aufbau/Organisation: 8-16 Spieler, 4 Minitore, 2 Teams, Bälle, Hütchen, Leibchen.

Spielziel: In diesem Spiel agiert die Läufergruppe (in Orange) gegen die Fängergruppe (in Blau). Spieler A und B starten gleichzeitig, indem sie den Ball aus der Hand nach vorne ins Feld schießen. Anschließend rennen beide Spieler durch die gelben Hütchentore eine ganze Runde um das Feld. Das blaue Team versucht, den Ball so schnell wie möglich anzunehmen, drei Pässe zu spielen und ihn in einem der vier Minitore unterzubringen. Ist der Ball im Tor und ein orangefarbener Spieler nicht an einer „Base" gesichert, hier der Pfosten eines Minitors, so „verbrennt" er. Das blaue Team erhält dadurch einen Punkt. Schafft es ein Läufer, vor dem Treffer des blauen Teams, durch das Zielhütchentor zu laufen (für Spieler A ist dies das Hütchentor 2), so erhält das orangefarbene Team einen Punkt. Welches Team schafft in fünf Minuten die meisten Punkte? (**Hinweis:** Ein Homerun gibt fünf Punkte.)

Variation 1: A und B werfen sich gleichzeitig den Ball zu und schießen den Ball direkt ins Feld. Im ersten Hütchentor wird eine Rolle vorwärts gemacht.

Variation 2: Nach dem Durchlaufen des ersten Hütchentors dürfen die Läufer den Weg abkürzen und können sich frei im Feld bewegen (siehe C). Wenn die Läufer sich außerhalb der gelben Hütchenzone aufhalten, dürfen sie von den blauen Spielern getickt werden. Wird ein Läufer abgetickt, erhält das blaue Team einen Punkt und der Läufer ist aus dem Spiel.

Variation 3: Es laufen vier Spieler gleichzeitig ins Feld – „Chaosstart". Folglich starten von dem gegenüberliegenden blauen Hütchen (siehe 3) auch noch zwei Spieler.

Spielleitlinien:

- Wir sprinten in Räume.
- Wir sind immer aktiv und anspielbar.

Spiel 18: Handball-Kopfball-Meister

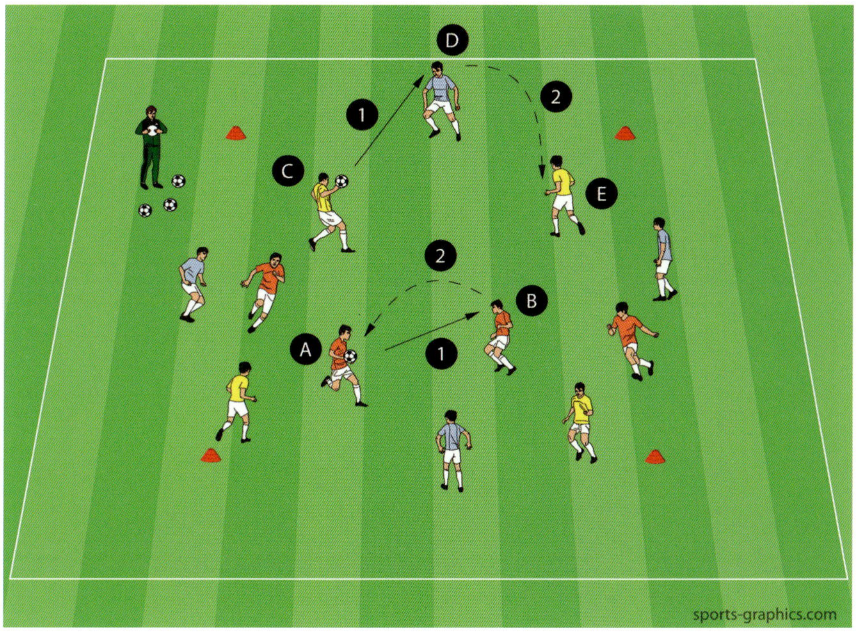

Aufbau/Organisation: 12 Spieler, 3 Teams, Hütchen, Leibchen, Bälle (Lightbälle).

Spielziel: In diesem Handballspiel agieren zwei Mannschaften im 4 gegen 4 (siehe gelbe und orangefarbene Spieler). An jeder Seite des Quadrats positioniert sich ein neutraler Spieler, der immer zum ballbesitzenden Team gehört (siehe blaue Spieler). Das ballbesitzende Team wirft sich den Ball untereinander zu. Das verteidigende Team versucht, den Ball zu erobern. Es kann ein Punkt erzielt werden, indem einem Mitspieler der Ball auf Kopfhöhe zugeworfen (siehe A und 1) und der Ball dann auf den werfenden Spieler zurückgeköpft wird (siehe B und 2). Fängt Spieler A den Ball, so erhält das Team einen Punkt. Die neutralen Spieler können jederzeit vom ballbesitzenden Team eingesetzt werden.

Verliert das angreifende Team den Ball an das verteidigende Team, werden alle Rollen getauscht. Das bisher verteidigende Team ist nun im Ballbesitz und wird zum angreifenden Team. Das bisher angreifende Team hat den Ball verloren, muss aus dem Feld und wird zu den neutralen Spielern. Die bisherigen neutralen Spieler (blaue Spieler) kommen ins Feld und werden zum verteidigenden Team. Welches Team erzielt in fünf Minuten die meisten Punkte? (**Hinweis:** Es wird nur nach Ballverlust gewechselt.)

Variation 1: Ein Punkt kann erzielt werden, indem einem Mitspieler der Ball auf Kopfhöhe zugeworfen (siehe C, D und 1) und dann einem dritten Spieler zugeköpft wird (siehe D, E und 2). Spieler E muss den Ball auffangen, damit das Team einen Punkt erhält.

Variation 2: Die Rollen der Spieler werden auch dann getauscht, wenn der Ball den Boden berührt.

Spielleitlinien:

- Wir erkennen die Tiefe und die Zwischenräume.
- Wir reißen das Spiel an uns und sind ballhungrig.

Spiel 19: Quadrat-Champion

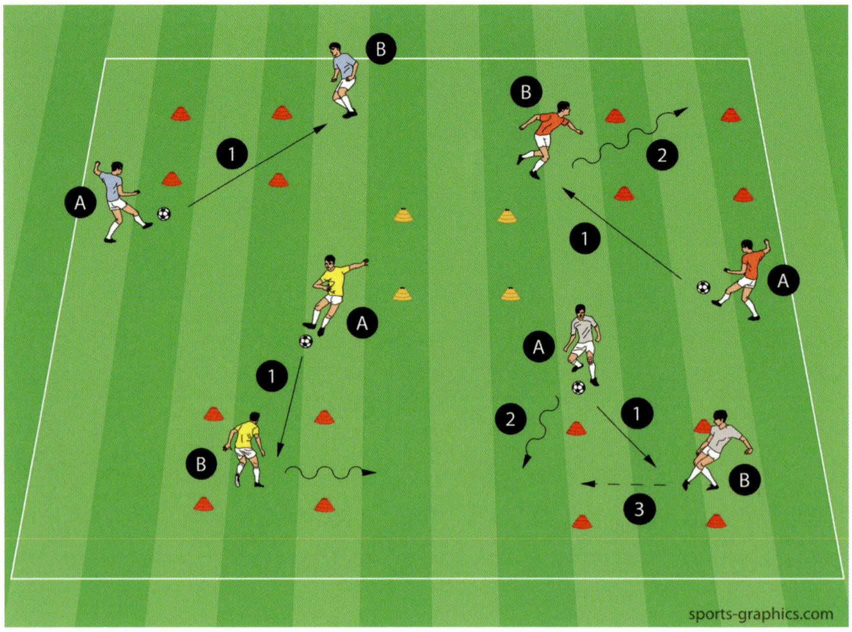

Aufbau/Organisation: 8-16 Spieler in Zweierteams, Hütchen, Bälle. (Mit 16 Spielern auf mindestens sieben Quadraten spielen, mit 20 Spielern auf mindestens neun Quadraten spielen.)

Spielziel: In diesem Spiel agieren Zweierteams zusammen, welche gegen die anderen Zweierteams antreten. Der Ball wird von einem Spieler des Zweiterteams (siehe gelber Spieler A und 1) zu dem Partner gespielt, der in einem Quadrat steht (siehe gelber Spieler B). Seine Aufgabe ist nun, über eine Linie aus dem Quadrat hinauszudribbeln. Der Passgeber (gelber Spieler A) macht sich nach seinem Pass sofort auf den Weg in ein neues Quadrat, um dort angespielt zu werden. Für jedes abgespielte Quadrat erhält das Team einen Punkt. Welches Team hat zuerst sieben Punkte? Der Trainer verteilt Medaillen (Gold, Silber, Bronze). Es werden mehrere Runden gespielt.

Variation 1: Der Ball wird diagonal durch das Quadrat gepasst (siehe blaue Spieler A, B und 1). Dabei müssen zwei Linien des Quadrats überspielt werden. Pro abgespieltes Quadrat erhält das Team einen Punkt.
Variation 2: Der Teampartner wird jetzt neben einem Quadrat angespielt (siehe orangefarbene Spieler A, B und 1). Spieler B dribbelt daraufhin durch das Quadrat (siehe 2). Pro abgespieltes Quadrat erhält das Team einen Punkt.
Variation 3: Das Quadrat wird mit einem Doppelpass abgespielt (siehe graue Spieler). Spieler A läuft nach dem Pass zu Spieler B (siehe 1) sofort in einen neuen Raum (siehe 2) und erwartet das Anspiel von Spieler B (siehe 3). Pro abgespieltes Quadrat erhält das Team einen Punkt.
Variation 4: Führt ein Team eine der Aufgaben im gelben Quadrat aus, erhält es zwei Punkte.
Variation 5: Kein Quadrat kann von zwei Teams gleichzeitig bespielt werden. Die Spieler müssen selbstständig darauf achten, wo Quadrate frei sind, um Punkte zu erzielen. (**Hinweis:** In dieser Variante sollten je nach Level der Mannschaft noch 2-3 zusätzliche Quadrate aufgebaut werden.)

Variation 6: Alle Pässe werden mit dem zweitbesten Fuß gespielt.

Variation 7: Die Ballmitnahme erfolgt mit dem zweitbesten Fuß.

Spielleitlinien:

- Wir wollen immer den Ball und nehmen dabei die beste Spielposition ein.
- Wir coachen uns gegenseitig.
- Wir spielen und lösen uns.

Spiel 20: Diebeszug

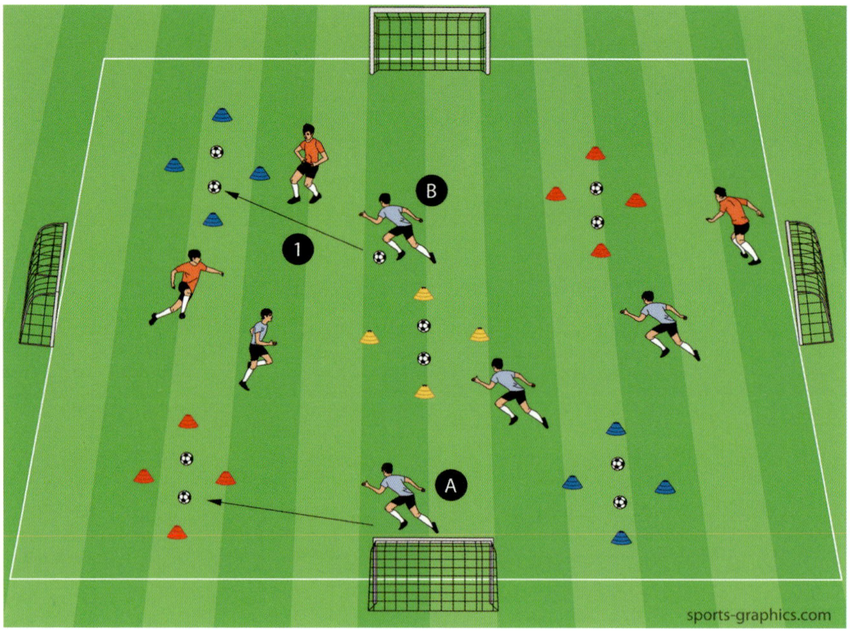

Aufbau/Organisation: 8-12 Spieler, 4 Tore, Leibchen, Hütchen, Bälle, 2 Teams.

Spielziel: In diesem Spiel agiert das blaue Team gegen das orangefarbene Team. Ziel des blauen Teams (der Diebe) ist es, die Bälle aus den Rauten zu stehlen. Dafür laufen die blauen Spieler, ohne von den orangefarbenen Spielern getickt zu werden, in die Raute und dribbeln heraus (siehe A). Ist der Ball entwendet, darf auf ein Tor abgeschlossen werden. Wird ein blauer Spieler getickt, bevor er in die Raute eindringen konnte, muss er um ein Tor laufen und darf dann erneut versuchen, einen Ball zu stehlen. (**Hinweis:** In den Rauten kann kein Dieb abgetickt werden.) Wie lange braucht das blaue Team, um alle Bälle zu stehlen?

Variation 1: Aufgabenwechsel.
Variation 2: Der Ball darf von den Verteidigern aus dem Tor zurück in die Raute gebracht werden. Die Diebe erhalten nur für die Bälle einen Punkt, die nach drei Minuten Spielzeit in einem Tor liegen. Wie viele Punkte erspielen die Diebe?
Variation 3: Schafft es das verteidigende Team, fünf Bälle in der zentralen Raute zu sammeln, dann gewinnen die Verteidiger das Spiel.
Variation 4: Alle Diebe haben einen Ball und versuchen, die Bälle aus den Rauten herauszuschießen (siehe B und 1).
Variation 5: Die Bälle werden mit dem zweitbesten Fuß aus den Rauten gestohlen.

Spielleitlinien:

- Wir starten Heldenläufe.
- Wir behaupten den Ball.
- Wir finden den Torabschluss.

Spiel 21: Diamantendiebstahl I

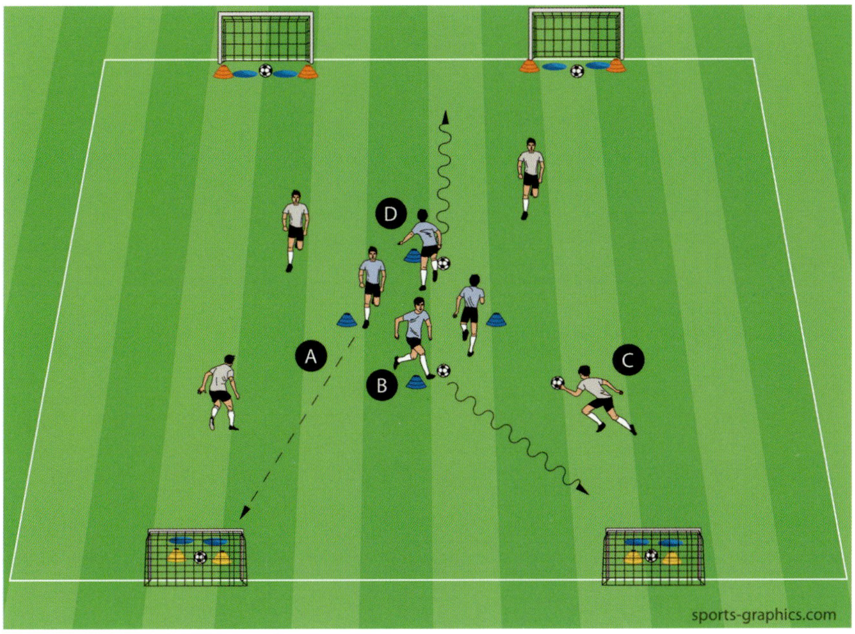

Aufbau/Organisation: 8-12 Spieler, 2 Teams, 4 Minitore, Hütchen, Bälle, Floor-Marker, Leibchen, Material in den Minitoren verteilen (Hütchen, Bälle, Floor-Marker).

Spielziel: In diesem Spiel agiert das Läuferteam gegen das Fängerteam. Aufgabe der Läufergruppe (in Blau) ist es, einen Pfosten der vier Minitore zu berühren, ohne vom grauen Team getickt zu werden (siehe A). Am Minitor angekommen, darf sich der erfolgreiche Läufer ein Hütchen, einen Ball oder einen Floor-Marker aus dem Minitor herausnehmen und in die blaue Zentrumsraute legen. Die Raute ist die Sicherungszone für das Läuferteam und darf vom Fängerteam nicht betreten werden („Tabuzone"). Jeder Läufer kann maximal 10 Sekunden in der Zentrumsraute verweilen. Getickte Spieler rennen um ein gegenüberliegendes Minitor und starten dann wieder aus der blauen Zentrumsraute. Die Ticker spielen ohne „Katzenwache" an den Minitoren. Wie lange braucht das Läuferteam, um alle Schätze aus den Toren zu entwenden?

Variation 1: Läufer- und Fängerwechsel.
Variation 2: Die Läufer haben einen Ball am Fuß (siehe B) und die Ticker einen Ball in der Hand (siehe C). Um einen Läufer zu ticken, muss er mit dem Ball getroffen werden.
Variation 3 (1-gegen-1-Challenge): Die Spieler starten mit dem Ball am Fuß aus der Raute im Zentrum und versuchen, über die Linie zwischen den Minitoren zu dribbeln (siehe D). Hat der Spieler dies geschafft, darf er sich einen Gegenstand aus dem Minitor nehmen und es in die Zentrumsraute bringen.

Spielleitlinien:

- Wir scannen das Spielfeld, denken und schauen in alle Richtungen.
- Wir setzen Lauffinten geschickt ein und irritieren den Gegner.

Spiel 22: Diamantendiebstahl II

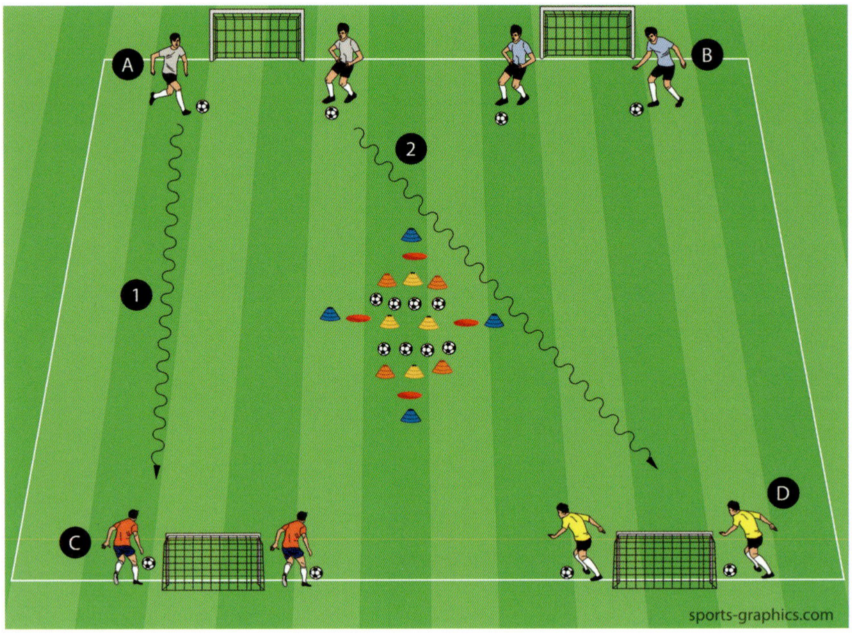

Aufbau/Organisation: 8-12 Spieler, 4 Teams, Minitore, Hütchen, Bälle, Floor-Marker, Leibchen.

Spielziel: In diesem Spiel agieren alle vier Teams gleichzeitig gegeneinander. Das Team, das die meisten Gegenstände aus dem Zentrum an sich nehmen konnte, gewinnt. Die beiden Spieler aus Team A/B/C/D starten seitlich von ihrem Minitor ins Feld, führen eine Finte aus und dribbeln um ein gegenüberliegendes Minitor (siehe A und 1). Anschließend dribbeln die Spieler zur Zentrumsraute, schnappen sich einen Gegenstand (Hütchen = einen Punkt; Floor-Marker = zwei Punkte; Leibchen = drei Punkte; Ball = vier Punkte) und transportieren ihre „Beute" zum eigenen Minitor. Wenn alle Gegenstände aus der Zentrumsraute gestohlen worden sind, zählen die Teams die Punkte ihrer „Beute" zusammen. Welches Team hat die meisten Punkte? Es werden mehrere Runden gespielt.

Variation 1: Es gibt einen Extrapunkt für das Team, das die bunteste Materialkombination präsentieren kann.
Variation 2: Sind alle Gegenstände aus der Zentrumsraute vergriffen, so darf bei den Gegnern weitergesammelt werden. Die Aufgabe, um ein Minitor zu laufen, bleibt bestehen. Im Anschluss darf der Spieler sich einen Gegenstand aus einem anderen Minitor nehmen. Wird der Dieb auf dem Rückweg vom ursprünglichen Besitzerteam getickt, muss er sein Diebesgut zurückgeben.
Beispiel: Team Grau stiehlt einen Ball aus dem Minitor von Team Gelb (siehe 2). Der graue Spieler läuft nun zu seinem Tor zurück, um die „Beute" zu sichern. Auf dem Weg zum eigenen Minitor kann ihn aber ein gelber Spieler ticken. Jetzt ist die „Beute" verloren und geht an Team Gelb (ursprünglicher Besitzer vor dem Diebstahl) zurück.

Spielleitlinien:

- Wir scannen das Spielfeld, denken und schauen in alle Richtungen.
- Wir setzen Lauffinten geschickt ein und irritieren den Gegner.

Spiel 23: Takeshis Castle I: Technik

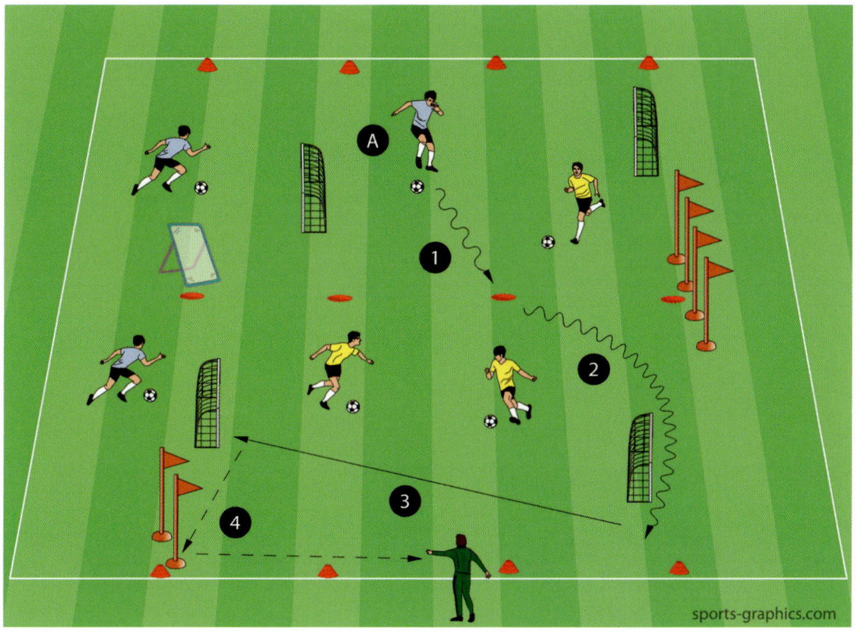

Aufbau/Organisation: 6-12 Spieler, 2 Teams, Stangen, Hütchen, Rebounder, Minitore, Floor-Marker, Leibchen.

Spielziel: In diesem Spiel agieren zwei Mannschaften gegeneinander. Die Spieler dribbeln mit Tempo durch das Feld. Auf Trainerkommando (optisch oder akustisch) führt jeder Spieler eine Finte an einem Floor-Marker aus (siehe 1), dribbelt um ein Minitor (siehe 2), schießt auf ein Minitor oder den Rebounder (siehe 3), berührt eine Stange (siehe 4) und klatscht dann beim Trainer ab. Welcher Spieler ist am schnellsten? Der schnellste Spieler bekommt drei Punkte, der zweitschnellste Spieler erhält zwei Punkte und der drittschnellste Spieler bekommt einen Punkt. Welches Team hat nach fünf Minuten die meisten Punkte?

Variation 1: Fuß- und Fintenwechsel.

Variation 2 (Teamwettkampf): Welches Team hat alle Aufgaben am schnellsten erledigt und sammelt sich gemeinsam an einem Minitor?

Variation 3 (Tickspiel): Das schnellste Team nimmt die Bälle in die Hand und hat 30 Sekunden Zeit, um das gegnerische Team abzuwerfen. Pro abgeworfenem Spieler gibt es einen Zusatzpunkt.

Spielleitlinien:

- Wir scannen das Spielfeld, denken und schauen in alle Richtungen.
- Wir schießen scharf und gezielt.
- Wir sprinten mehr und sind schneller als der Gegner.

Spiel 24: Takeshis Castle II: Laufspiel

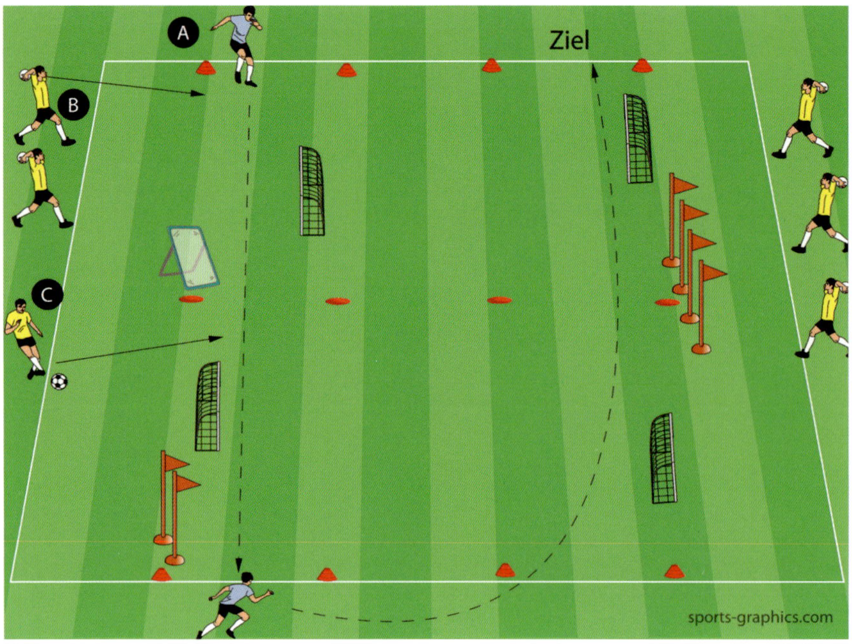

Aufbau/Organisation: 8-12 Spieler, 2 Teams, Stangen, Hütchen, Rebounder, Minitore, Floor-Marker, Bälle, Leibchen.

Spielziel: In diesem Spiel agiert das Läuferteam (in Blau) gegen das verteidigende Team (in Gelb). Das Läuferteam (siehe A) kann punkten, indem es durch die roten Gassen läuft (hier mit Floor-Markern markiert) und im Zieltor ankommt, ohne durch das gelbe Team (siehe B) abgeworfen zu werden. Die Läufer können nur in der Gasse abgeworfen werden. Wird ein Läufer getroffen, ist er „verbrannt" und muss um ein Tor laufen. Anschließend kann er einen neuen Versuch starten. Kommt ein Läufer am Zieltor an und wurde von keinem Ball getroffen, erhält das Team einen Punkt. Fängt ein Spieler des Läuferteams einen Ball, so gibt es auch einen Punkt. Welches Läuferteam schafft in fünf Minuten die meisten Punkte?

Variation 1: Teamwechsel.
Variation 2: Die Verteidiger dürfen die Läufer bis Kniehöhe abschießen (siehe C). (**Hinweis:** Es empfiehlt sich, Schaumstoffbälle zu verwenden.)
Variation 3: Es wird mit dem Spann, mit der Innenseite oder volley aus der Hand bis Kniehöhe abgeschossen.

Spielleitlinien:

- Wir scannen das Spielfeld, denken und schauen in alle Richtungen.
- Wir schießen scharf und gezielt.
- Wir sprinten mehr und sind schneller als der Gegner.

Spiel 25: Dreiecksfangen

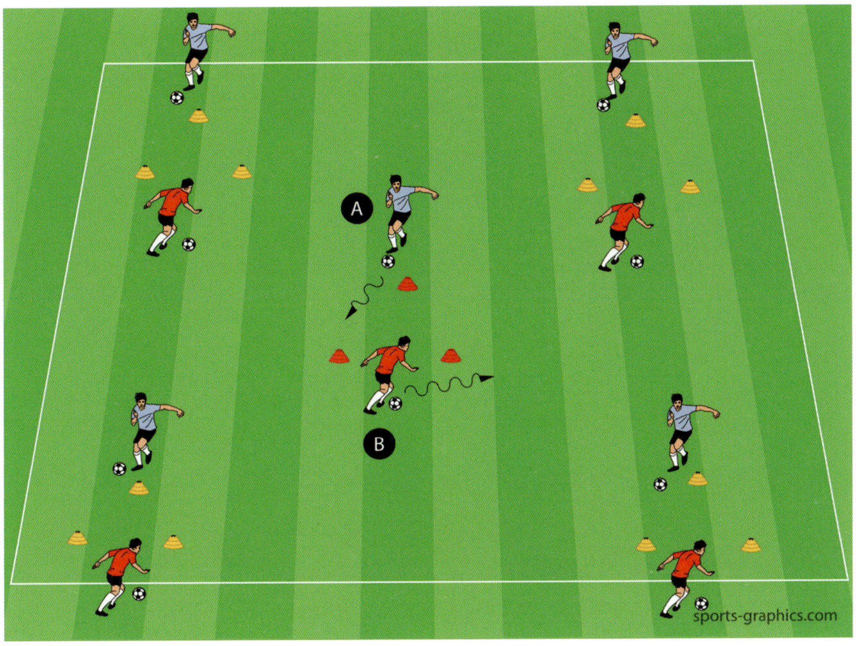

Aufbau/Organisation: 10-12 Spieler, 2 Teams, Hütchen, Bälle, Leibchen.

Spielziel: In diesem Spiel agieren immer zwei Spieler an einem Dreieck gegeneinander. Es wird ein Fänger (blauer Spieler) und ein Läufer (roter Spieler) bestimmt. Die Spieler dribbeln um das Dreieck. Der Fänger kann einen Punkt erzielen, indem er den Läufer abtickt. Beide Spieler dürfen dabei nur um das Dreieck laufen (siehe A und B). Wer gewinnt zuerst drei Duelle? Es werden mehrere Runden gespielt und die Aufgaben gewechselt.

Variation 1: Es wird im Turniermodus gespielt. Das rote Dreieck ist hierbei die 1. Bundesliga, die anderen Dreiecke die Regionalligen Nr. 1 bis Nr. 4. Der Gewinner steigt immer eine Liga weiter auf.
Variation 2: Die Spieler dribbeln mit ihrem zweitbesten Fuß.
Variation 3: Die Dreiecke verkleinern.
Variation 4: Der Fänger steht in dem Dreieck und versucht, den Läufer auf Kniehöhe mit einem Ball abzuwerfen. Pro Treffer gibt es einen Punkt. Der Läufer dribbelt um das Dreieck. Wie viele Punkte hat der Fänger nach einer Minute?

Spielleitlinien:
- Wir jagen Ball und Gegner voller Power.
- Wir sprinten in Räume.
- Wir sprinten mehr und sind schneller als der Gegner.

Spiel 26: Pokerspiel

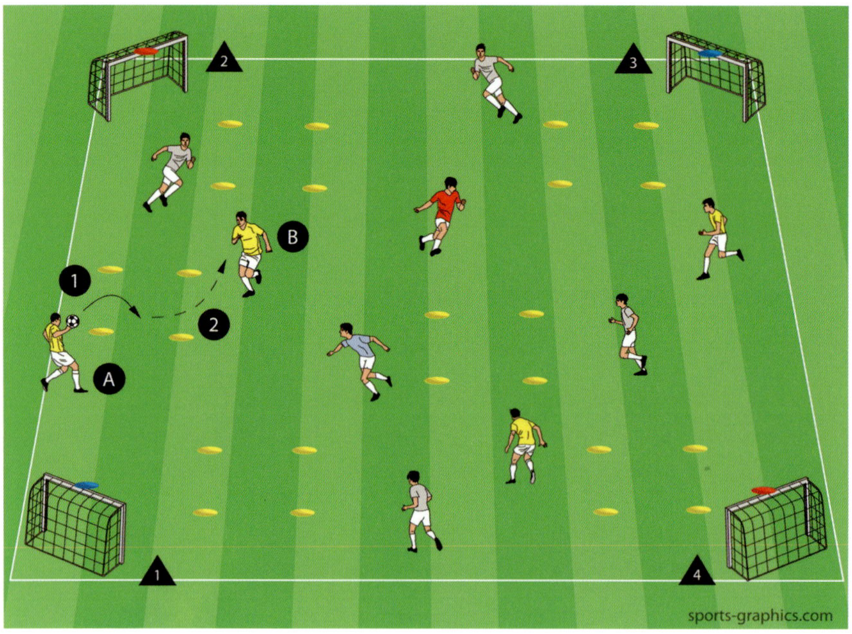

Aufbau/Organisation: 9-13 Spieler, 4 Minitore, Floor-Marker, Bälle, Leibchen.

Spielziel: In diesem Handballspiel agiert das gelbe Team gegen das graue Team. Die beiden neutralen Spieler (in Blau und in Rot) gehören immer dem ballbesitzenden Team an. Das ballbesitzende Team wirft sich den Ball untereinander zu. Das verteidigende Team versucht, den Ball zu erobern. Es kann ein Punkt erzielt werden, indem eines der Quadrate mit einem „Aufsetzer" diagonal durchspielt wird (siehe A und B). Dafür wird der Ball auf den Boden in das Dreieck geworfen (siehe A und 1). Der Mitspieler muss den vom Boden hochspringenden Ball direkt auffangen (siehe B und 2). Welches Team erzielt zuerst sieben Punkte? Es werden mehrere Runden gespielt.

Variation 1: Es wird mit zwei Bällen gleichzeitig gespielt.

Variation 2: Das angreifende Team muss die erspielten Punkte sichern.

Beispiel: Hat ein Team fünf Punkte in Folge erzielt, da fünf Quadrate hintereinander diagonal durchspielt wurden, dann kann das Team die erspielten Punkte sichern. Dafür muss der Spieler den Ball, den er nach dem fünften durchspielten Quadrat aufgefangen hat, sofort auf den Boden legen und mit dem Fuß in eines der vier Minitore schießen. Es ist auch möglich, dass der Spieler den Ball auf den Boden legt und losdribbelt, um einen besser positionierten Mitspieler anzuspielen.

Wichtig ist: Wird der Ball durch die Gegner vor dem erfolgreichen Torabschluss verteidigt, so sind die bisher erspielten fünf Punkte verloren.

Variation 3: Nun sind die Farben der neutralen Spieler entscheidend. Wird nur ein neutraler Spieler in das Spiel eingebunden, bevor das angreifende Team sich dazu entscheidet, die Punkte zu sichern, so sind nur die Tore geöffnet, die die Farbe des eingebundenen neutralen Spielers tragen.

Beispiel: Das angreifende Team hat vier Punkte erspielt und will die Punkte jetzt sichern. Bis zum Herunterlegen des Balls wurde jedoch nur der blaue neutrale Spieler eingebunden. Somit sind nur die Tore 1 und 3 geöffnet. Werden beide neutralen Spieler in das Handballspiel eingebunden, sind alle Tore auf.

Variation 4: Wird nur ein neutraler Spieler in das Handballspiel eingebunden, bevor das angreifende Team sich dazu entscheidet, die Punkte zu sichern, so ist es nun auch möglich, die anderen beiden Tore zu öffnen, die die Farbe des noch nicht angespielten neutralen Spielers tragen. Dafür muss der bisher noch nicht angespielte neutrale Spieler ins Fußballspiel eingebunden werden.
Beispiel: Das angreifende Team hat drei Punkte erspielt und möchte die Punkte jetzt sichern. Bis zum Herunterlegen des Balls wurde nur der blaue neutrale Spieler angespielt. Somit sind aktuell nur die Tore 1 und 3 geöffnet. Wird nun aber auch der rote neutrale Spieler mit dem Fuß angespielt, sind alle Tore geöffnet.

Variation 5: Farbentausch. Wird nur der rote Spieler in das Spiel eingebunden, dann sind die blauen Tore geöffnet. Hat ausschließlich der blaue Spieler eine Ballaktion, so sind nur die roten Tore auf. Werden beide neutralen Spieler vor dem Torabschluss in das Spiel eingebunden, kann auf allen Toren gepunktet werden.

Variation 6: Wird ein neutraler Spieler doppelt angespielt, schließt sich das entsprechende Tor wieder.
Beispiel: Das angreifende Team hat vier Punkte erspielt und möchte die Punkte jetzt sichern. Bis zum Herunterlegen des Balls wurde nur der blaue neutrale Spieler angespielt. Somit sind aktuell nur die Tore 1 und 3 geöffnet. Wird nun im Fußballspiel erneut der blaue Spieler angespielt, so schließen sich die blauen Tore wieder. Somit wäre keines der Tore geöffnet und es muss erneut einer der neutralen Spieler angespielt werden, um Tore zu öffnen.

Spielleitlinien:

- Wir starten Heldenläufe.
- Wir finden den Torabschluss.
- Wir reißen das Spiel an uns und sind ballhungrig.

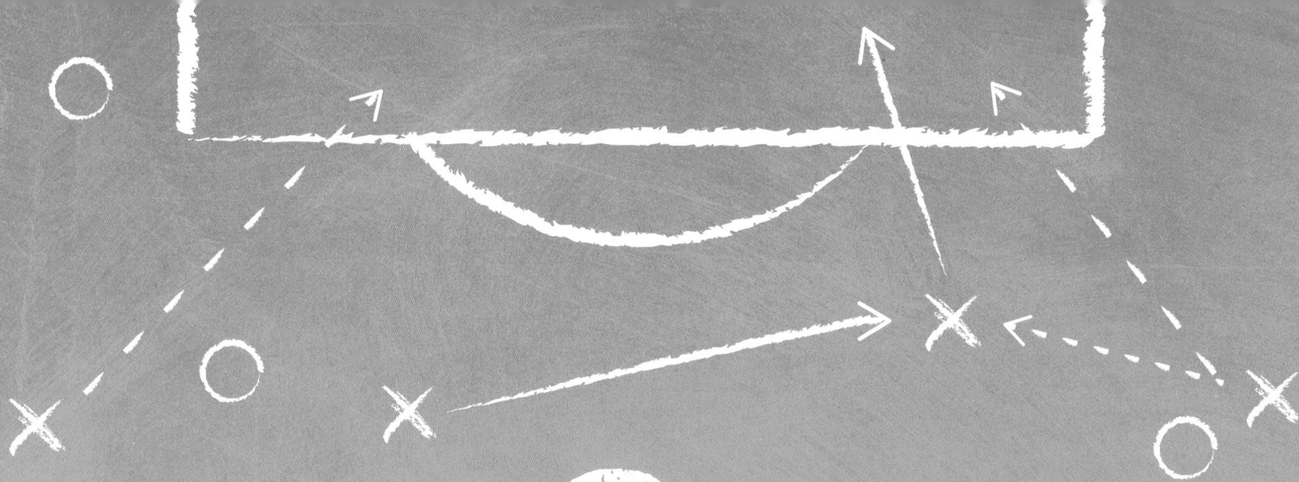

3

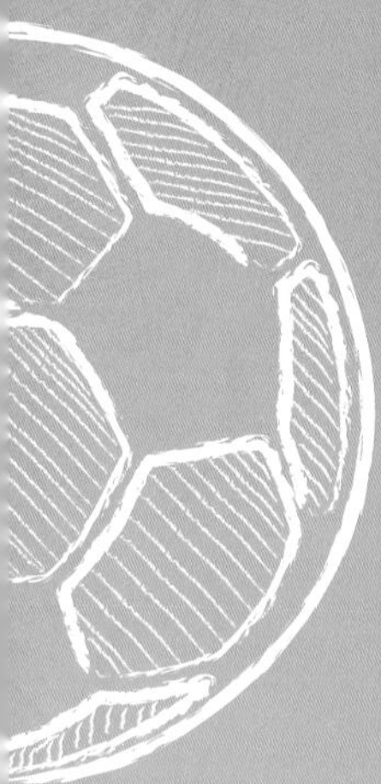

Hauptteil

Inhalt

Spiel 27: Drei-Seiten-Fußball

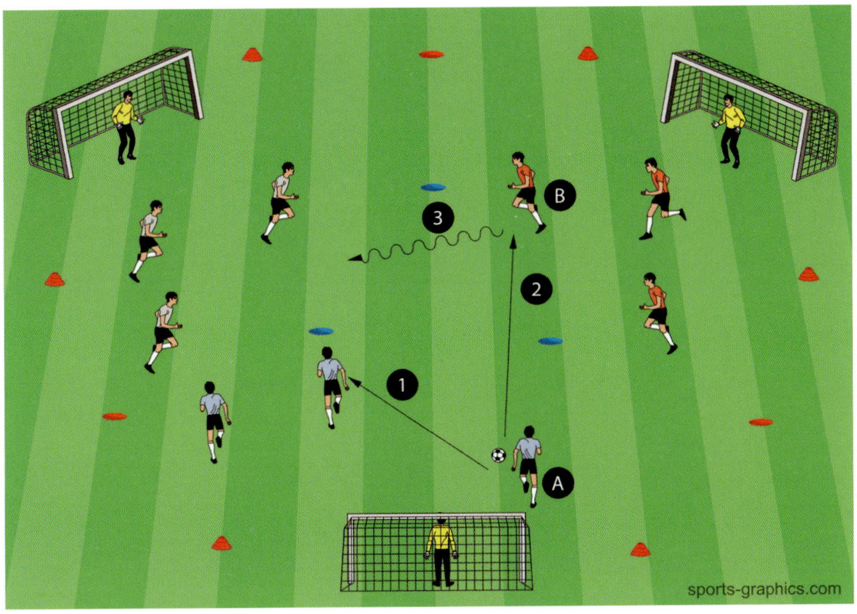

Aufbau/Organisation: 12 Spieler, 3 Teams, 3 Tore, Hütchen, Floor-Marker, Leibchen, Bälle.

Spielziel: In diesem Spiel agieren insgesamt drei Teams. Dabei spielen zwei Teams gemeinsam gegen eine Mannschaft (hier Blau und Orange gegen Grau). Die beiden angreifenden Teams spielen sich den Ball untereinander zu und versuchen, zu punkten. Das verteidigende Team will den Ball erobern. Das ballbesitzende Team (hier in Blau) darf zu Beginn seine Mitspieler bestimmen, indem ein Spieler beispielsweise die Teamfarbe „Orange" reinruft. So entsteht eine 6-gegen-3-Spielsituation. Die beiden angreifenden Teams können einen Punkt erzielen, indem sie auf das gegnerische Tor abschließen. Gewinnt die Mannschaft in Unterzahl (hier in Grau) den Ball, so ruft der ballführende Spieler dieses Teams sofort eine Teamfarbe rein (Blau oder Orange). Es ergibt sich folglich eine neue 6-gegen-3-Spielsituation. Wird ein Tor erzielt, benennt der Torschütze die Farbe der neuen mitspielenden Mannschaft und der zum Team gehörige Torwart eröffnet das Spiel. Welches Team erspielt in 10 Minuten die meisten Punkte?

Variation 1: Gewinnt das in Unterzahl spielende Team den Ball, so kann sich das Team auch dazu entscheiden, keine weitere Teamfarbe reinzurufen und alleine im 3 gegen 6 zu spielen.
Beispiel: Team Grau gewinnt den Ball, ruft aber keine Teamfarbe rein und spielt damit alleine gegen Team Blau und Orange. Team Grau kann daher auch auf das blaue oder orangefarbene Tor abschließen, um zu punkten. Wird ein Tor erzielt, so zählt dieses doppelt.

Variation 2: Werden die zentrumsnahen Hütchentore durchpasst (siehe A und 2) oder durchdribbelt (siehe B und 3), erhält das Team bei anschließendem Torerfolg einen Extrapunkt.

Spielleitlinien:

- Wir schießen scharf und gezielt.
- Wir jagen Ball und Gegner.
- Wir coachen uns gegenseitig.

Spiel 28: Wechselnde Duelle

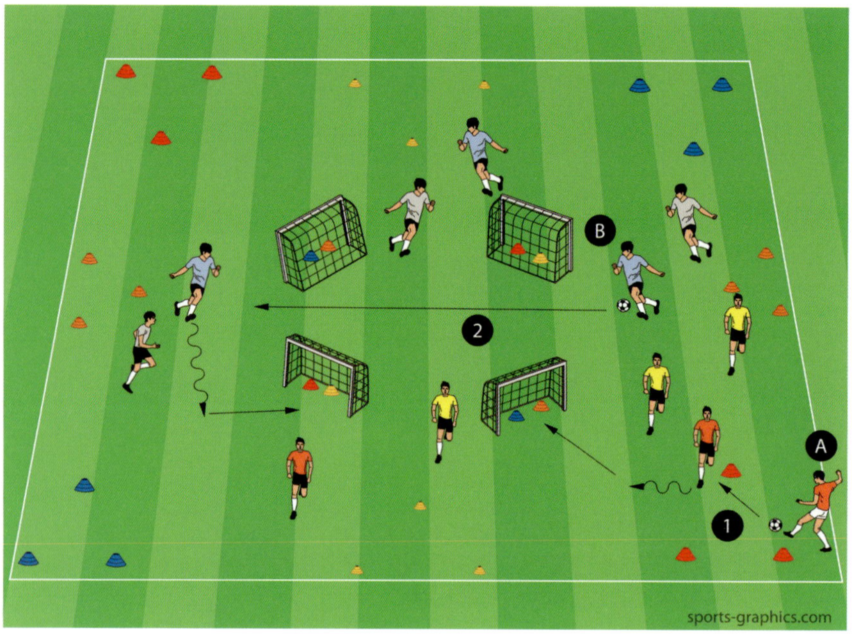

Aufbau/Organisation: 12-16 Spieler, 4 Teams, Bälle, 4 Minitore, Hütchen, Leibchen.

Spielziel: In diesem Spiel agieren insgesamt vier Teams. Es spielen jeweils zwei Teams gleichzeitig gegeneinander (Orange vs. Gelb und Blau vs. Grau). Das ballbesitzende Team spielt sich den Ball untereinander zu und versucht, zu punkten. Das verteidigende Team will den Ball erobern. Das angreifende Team kann einen Punkt erzielen, indem die Minitore entweder über die Dreiecke oder über das Zentrum freigeschaltet werden. Sind zwei Linien eines Dreiecks überspielt (siehe A und 1), kann auf alle vier Minitore abgeschlossen werden. Ist das Zentrum durchspielt (siehe B und 2), kann ebenfalls auf alle Minitore abgeschlossen werden. Bei erfolgreichem Torabschluss erhält das Team einen Punkt. Welches Team erspielt in 10 Minuten die meisten Punkte?

Variation 1: Das ballbesitzende Team muss einen Mitspieler im Dreieck anspielen, der mit dem ersten Kontakt aus dem Dreieck herausdribbelt. Das Zentrum kann ebenfalls durchspielt werden, um die Tore freizuschalten.
Variation 2: Die Minitore sind farblich markiert (siehe Hütchen in den Toren). Der Torabschluss ist nur auf die Tore möglich, die der Farbe des durchspielten Dreiecks entsprechen. Wird das Zentrum durchpasst, dann öffnen sich alle Tore.
Variation 3 („Fünf-Tore-Knock-out"): Wer zuerst fünf Tore geschossen hat, gewinnt die Runde und darf sich seinen nächsten Gegner aussuchen.
Variation 4: Der Ball aus dem parallel laufenden Spiel darf gestohlen werden.

Spielleitlinien:

- Wir wollen Tore schießen.
- Wir überwinden den Gegner, indem wir das Zentrum bedrohen.
- Wir jagen Ball und Gegner.

Spiel 29: Farbspiel in Quadraten und Dreiecken

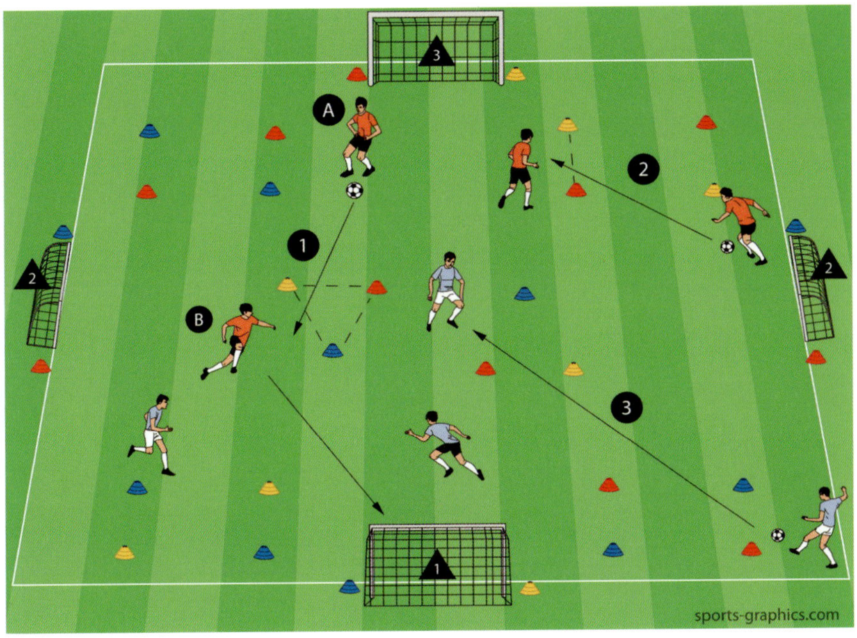

Aufbau/Organisation: 8-16 Spieler, 2 Teams, 4 Minitore, Hütchen, Leibchen, Bälle. (**Hinweis:** Es ist möglich, zusätzlich mit neutralen Spielern zu spielen.)

Spielziel: In dieser Spielform agieren zwei Teams gegeneinander. Das ballbesitzende Team spielt sich den Ball untereinander zu und versucht, zu punkten. Das verteidigende Team will den Ball erobern. Das angreifende Team kann einen Punkt erzielen, indem ein Rechteck oder ein Dreieck (siehe A und 1 oder 2) durchpasst wird. Die Farbkombination der Linie, die als Letztes durchspielt wird (z. B. bei A und 1 blau/gelb) bestimmt, welche Minitore freigeschaltet sind. Nach diesem Beispiel ist folglich ein Abschluss auf Tor 1 möglich (siehe B). Trifft der Spieler das Tor, erhält das Team zwei Punkte. Das Durchspielen eines Rechtecks oder eines Dreiecks ergibt einen Punkt. Einen zweiten Punkt erhält das Team für den erfolgreichen Torabschluss auf das entsprechende Minitor. Verliert das ballbesitzende Team nach dem Durchspielen eines Dreiecks oder eines Quadrats den Ball an das verteidigende Team, so gibt es nur einen Punkt und das Spielziel muss bei anschließender Balleroberung neu erfüllt werden. Welches Team erspielt in 10 Minuten die meisten Punkte?

Variation 1: Es sind immer die Tore geöffnet, welche nicht der Farbkombination entsprechen, die als Letztes durchspielt wurde.
Beispiel (siehe A und 1): Jetzt kann auf die Tore 2 und 3 abgeschlossen werden.

Variation 2: Werden mit einem Pass zwei Formen durchspielt, dann sind alle Tore offen (siehe 3). Bei erfolgreichem Torabschluss erzielt das Team insgesamt drei Punkte (je einen für die beiden durchspielten Formen und einen für das Tor).

Spielleitlinien:

- Wir passen den Ball und sprinten in einen neuen Raum.
- Wir finden den Torabschluss.

Spiel 30: Ringaktion

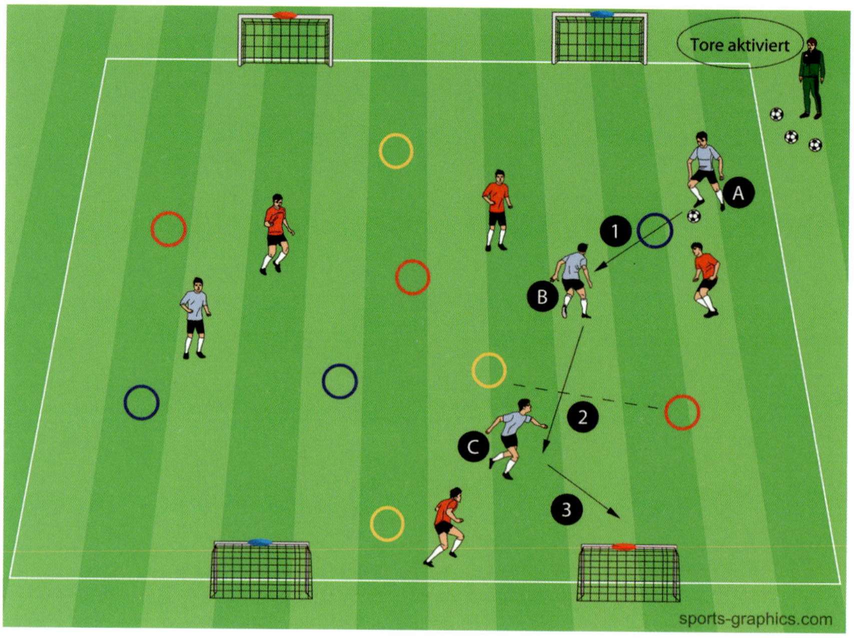

Aufbau/Organisation: 8-14 Spieler, 2 Teams, 9 Ringe in drei Farben, 4 Minitore, Bälle, Leibchen. An den Minitoren sind Leibchen mit den Teamfarben befestigt. (**Hinweis**: Es ist möglich, zusätzlich mit neutralen Spielern zu spielen.)

Spielziel: In dieser Spielform agieren zwei Teams gegeneinander. Jedes Team erspielt dabei Punkte für sich. Das ballbesitzende Team spielt sich den Ball untereinander zu und versucht, zu punkten. Das verteidigende Team will den Ball erobern. Um die Minitore zu aktivieren, muss der Ball über einen Ring gepasst und anschließend zwischen zwei Ringen hindurchgespielt werden. Dabei ist es wichtig, dass sich die durchspielten Ringfarben beim zweiten Pass von der ersten Ringfarbe unterscheiden.

Beispiel: Der blaue Spieler spielt einen Pass zu seinem Mitspieler, über den blauen Ring (siehe A und 1). Anschließend muss der Ball zwischen zwei Ringen mit anderer Ringfarbe hindurchgespielt werden. Spieler B spielt den Ball durch den gelben und roten Ring zu Spieler C (siehe 2). Nach diesen zwei erfolgreichen Passaktionen sind alle vier Minitore geöffnet und Spieler C kann auf ein Minitor abschließen, um einen Punkt zu erzielen (siehe 3). Verliert das ballbesitzende Team, bei dem Versuch, einen Punkt zu erzielen, den Ball, muss das Spielziel bei anschließender Balleroberung neu erfüllt werden. Welches Team erzielt in 10 Minuten die meisten Punkte?

Variation 1: Über die gelben Ringe wird nur mit dem rechten Fuß gepasst, über die blauen Ringe nur mit dem linken Fuß. Die roten Ringc sind frei bespielbar.

Variation 2: Ist das Spielziel durch das ballbesitzende Team erfolgreich gelöst worden, so kann das verteidigende Team einen Torabschluss verhindern, indem der ballbesitzende Spieler am Oberkörper abgetickt wird. Ist dies geschafft, muss das Spielziel neu erfüllt werden.

Steigerung von Variation 2: Ist der Angriff des ballbesitzenden Teams erfolgreich durch ein Abticken verhindert worden, so wechselt zusätzlich der Ballbesitz an das verteidigende Team. Dazu spielt der Trainer einen neuen Ball ein.

Variation 3: Die Minitore sind mit den Farben der beiden Teams markiert. Nachdem die Tore freigeschaltet wurden, darf nur auf die beiden gegnerischen Tore abgeschlossen werden (siehe C und 3).

Variation 4: Um die Minitore zu aktivieren, muss der Ball über einen Ring gepasst und anschließend zwischen drei Ringen hindurchgespielt werden.

Beispiel: Der rote Spieler spielt einen Pass zu seinem Mitspieler über den blauen Ring. Anschließend muss der Ball zwischen drei Ringen, also über zwei Linien, gespielt werden. Nach diesen zwei Aktionen sind die zwei gegnerischen Tore geöffnet.

Spielleitlinien:

- Wir berühren Bälle im richtigen Timing und in einer Powerposition, ohne uns abschütteln zu lassen.
- Wir passen raumgreifend in Zielräume nach vorne.
- Wir reißen das Spiel an uns und sind ballhungrig.

Spiel 31: Kronum

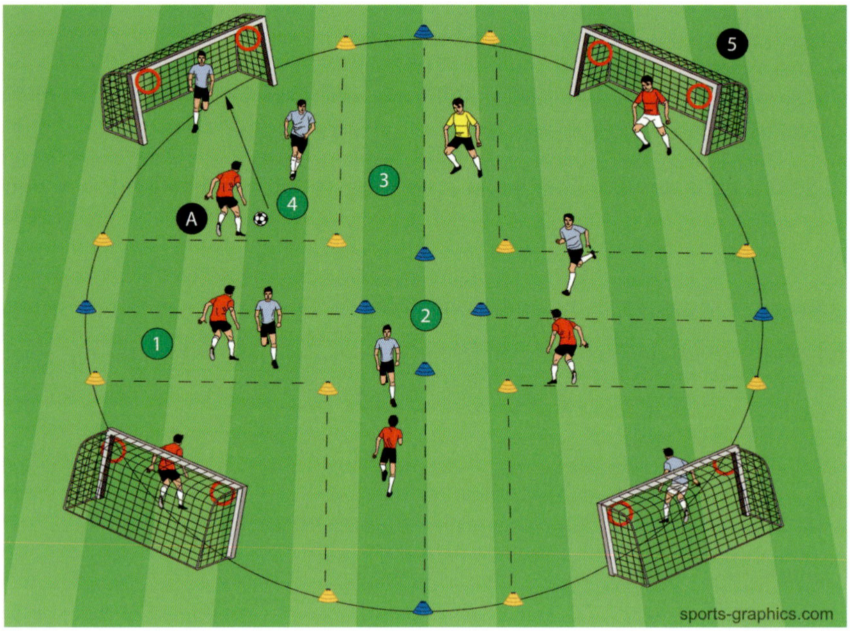

Aufbau/Organisation: 11-15 Spieler, 2 Teams, 4 Tore, Hütchen, Leibchen, Ringe, Bälle.

Spielziel: In dieser Spielform agieren zwei Teams gegeneinander. Der neutrale Spieler (hier in Gelb) gehört immer dem ballbesitzenden Team an. Der Ball darf sowohl mit den Händen als auch mit den Füßen gespielt werden. Das ballbesitzende Team spielt sich den Ball untereinander zu und versucht, zu punkten. Das verteidigende Team will den Ball erobern. Das angreifende Team kann einen Punkt erspielen, indem ein Treffer auf die beiden gegnerischen Tore erzielt wird. Die Treffer werden unterschiedlich gewertet. Wird ein Tor aus der Torzone heraus erzielt (gelbes Dreieck), so erhält das Team vier Punkte (siehe A und 4). Wird ein Tor aus der tornahen Zwischenzone erzielt, gibt es drei Punkte (siehe 3). Trifft die Mannschaft aus der blauen Zentrumsraute, so erhält das Team zwei Punkte (siehe 2). Für ein Tor aus der torentfernten Zwischenzone gibt es einen Punkt (siehe 1). Welches Team erzielt in 10 Minuten die meisten Punkte? (**Hinweis:** Es kann auch mit zwei Bällen gleichzeitig gespielt werden.)

Variation 1: Die Punktewertung wird umgedreht. Ein Treffer aus der Torzone (gelbes Dreieck) zählt einen Punkt, dann zwei Punkte, drei Punkte und vier Punkte.

Variation 2: Der Trainer hängt Ringe oder Leibchen in die Winkel der Tore (siehe 5). Wird in den Ring getroffen oder das Leibchen berührt, verfünffacht sich die erspielte Punktzahl.

Variation 3 (Kronum-Regel): Es wird mit neutralen Torhütern gespielt. Folglich können beide Teams auf alle vier Tore abschließen. Es werden drei Drittel gespielt. Nach jeweils fünf Minuten geht ein neues Team ins Tor. Welches Vierer-Team hat die meisten Treffer erzielt?

Spielleitlinien:

- Wir passen raumgreifend in Zielräume nach vorne.
- Wir scannen das Spielfeld.
- Wir rauben dem Gegner Spieloptionen.

Spiel 32: Miniball-Hütchenschock

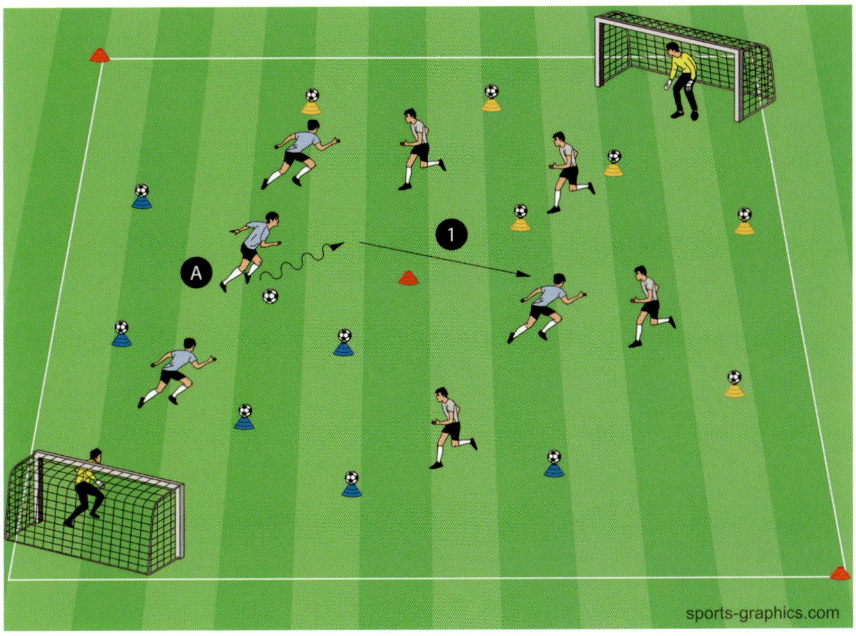

Aufbau/Organisation: 10-12 Spieler, 2 Teams, Hütchen, Bälle, Minibälle auf den Hütchen, Leibchen, 2 Tore. (**Hinweis:** Es ist möglich, zusätzlich mit neutralen Spielern zu spielen.)

Spielziel: In dieser Spielform agieren zwei Teams gegeneinander. Das ballbesitzende Team spielt sich den Ball untereinander zu und versucht, zu punkten. Das verteidigende Team will den Ball erobern. Die Angreifer können einen Punkt erzielen, indem sie auf eines der beiden Tore erfolgreich abschließen. Die Minibälle auf den Hütchen dürfen während des Spiels nicht herunterfallen. Fällt doch ein Miniball von einem Hütchen, erhält das gegnerische Team einen Zusatzpunkt (= Hütchenschock).

Variation 1: Ein Tor kann eliminiert werden, wenn der Torschütze innerhalb von fünf Sekunden durch zwei gegnerische Spieler, am Rücken abgetickt wird.
Variation 2: Nach einem Tor kann das erfolgreiche Team einen Zusatzpunkt erspielen. Dafür darf sich ein Spieler einen Miniball von dem Hütchen nehmen und im Handballspiel auf eines der beiden Tore abschließen (= Bonusball). Bringt das erfolgreiche Team zwei Bälle gleichzeitig ins Spiel, erhält der Gegner den Ballbesitz.
Variation 3: Ein Tor kann eliminiert werden, wenn der Torschütze innerhalb von fünf Sekunden von zwei gegnerischen Spielern mit den auf den Hütchen liegenden Minibällen abgeworfen wird.

Spielleitlinien:
- Wir behaupten den Ball!
- Wir sind immer aktiv und anspielbar.
- Wir scannen das Spielfeld, denken und schauen in alle Richtungen.

Spiel 33: Spieler stehlen

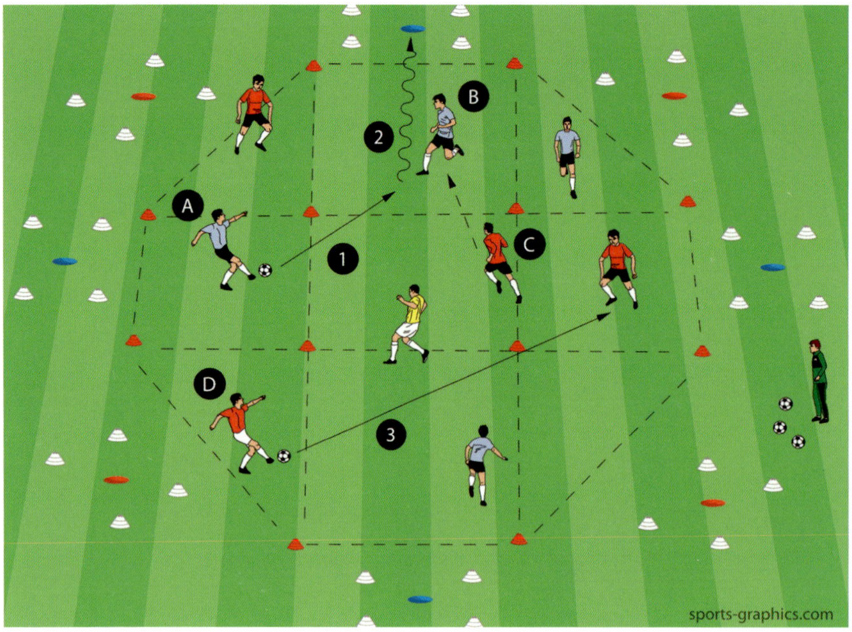

Aufbau/Organisation: 9-13 Spieler, 2 Teams, Hütchen, Bälle, Leibchen. In den weißen Rechtecken liegen Leibchen in den Trikotfarben der Mannschaften.

Spielziel: In dieser Spielform agieren zwei Teams gegeneinander. Der neutrale Spieler (hier in Gelb) gehört immer dem ballbesitzenden Team an. Das ballbesitzende Team spielt sich den Ball untereinander zu und versucht, zu punkten. Das verteidigende Team will den Ball erobern. Gespielt wird in dem Oktagon. Außerhalb dieses Feldes darf kein Spieler angegriffen werden. Die Aufgabe des ballbesitzenden Teams ist es, in dem Oktagon zwei Linien zu überspielen (siehe A und 1). Anschließend versucht ein Mitspieler, aus dem Oktagon auszubrechen und in ein Rechteck, in dem die eigene Leibchenfarbe liegt, zu dribbeln (siehe B und 2). Ist dies gelungen, hebt der ballbesitzende Spieler das Leibchen auf, dribbelt zurück ins Oktagon und übergibt das Leibchen einem Gegenspieler. Das ballbesitzende Team erweitert seine Mannschaft somit um einen weiteren Spieler, indem es einen gegnerischen Akteur „stiehlt".

Sonderregel für das nun in Unterzahl spielende Team: Bei Ballgewinn darf sofort aus dem Oktagon ausgebrochen und in ein Rechteck mit der eigenen Teamfarbe gedribbelt werden. Das Spiel ist vorbei, wenn der dritte Spieler der gegnerischen Mannschaft „gestohlen" wurde. Welches Team gewinnt das Spiel?

Variation 1: Das verteidigende Team darf nun den ballbesitzenden Spieler, der aus dem Oktagon ausbrechen will, verfolgen (siehe C). Wird der ballbesitzende Spieler am Oberkörper abgetickt, bevor er in das weiße Rechteck gedribbelt ist, verliert sein Team den Ballbesitz und der Trainer spielt einen neuen Ball für die bisher verteidigende Mannschaft ein. Erreicht der ausbrechende Spieler das weiße Rechteck, kann er nicht mehr getickt werden, da dies eine Tabuzone für die Verteidiger ist.

Variation 2: Um aus dem Oktagon ausbrechen zu dürfen, muss das ballbesitzende Team nun einen Pass in das übernächste Feld spielen (siehe D und 3). Es müssen folglich mindestens drei Linien überspielt werden.
Variation 3: Um aus dem Oktagon ausbrechen zu dürfen, muss das ballbesitzende Team einen Spieler in einem Dreieck und in einem Rechteck anspielen.
Variation 4: Der ausbrechende Spieler muss bei der Rückkehr ins Feld über eine andere Linie des Oktagons dribbeln. Das verteidigende Team darf den ballbesitzenden Spieler auch bei der Rückkehr in das Oktagon abticken. Dies ist aber erst erlaubt, wenn der Spieler das weiße Rechteck wieder verlassen hat.

Spielleitlinien:

- Wir gewinnen jeden Zweikampf, setzen beide Füße und unseren Körper geschickt ein.
- Wir jagen Ball und Gegner.
- Wir starten Heldenläufe.

Spiel 34: Gefängniseinbruch im Team

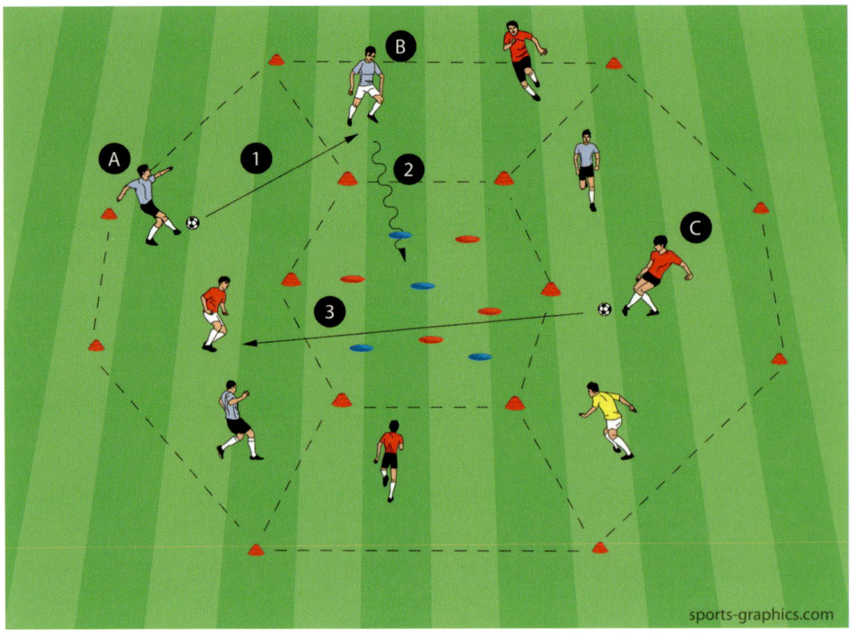

Aufbau/Organisation: 9-11 Spieler, 2 Teams, Hütchen, Leibchen, Bälle. In dem zentralen Hexagon liegen Leibchen in den Trikotfarben der Mannschaften.

Spielziel: In dieser Spielform agieren zwei Teams gegeneinander. Der neutrale Spieler (hier in Gelb) gehört immer dem ballbesitzenden Team an. Das ballbesitzende Team spielt sich den Ball untereinander zu und versucht, zu punkten. Das verteidigende Team will den Ball erobern. Gespielt wird im Oktagon. Die Aufgabe des ballbesitzenden Teams ist es, im Oktagon eine Linie zu überspielen (siehe A und 1). Anschließend versucht der angespielte Mitspieler, aus dem Oktagon in das Hexagon einzubrechen (siehe B und 2). Ist der Spieler erfolgreich eingebrochen, überdribbelt er ein Leibchen der eigenen Teamfarbe, sammelt es auf und übergibt es einem Gegenspieler. Im Hexagon darf kein Spieler angegriffen werden.

Sonderregel für das nun in Unterzahl spielende Team: Bei Ballgewinn darf sofort ins Hexagon eingebrochen und ein Leibchen der eigenen Teamfarbe aufgesammelt werden. Das Spiel ist vorbei, wenn der dritte Spieler der gegnerischen Mannschaft „gestohlen" wurde. Welches Team gewinnt das Spiel?

Variation 1: Um ein Leibchen gewinnen zu können, muss ein Pass durch das Hexagon gespielt werden (siehe C und 3) und im Anschluss über das Leibchen gedribbelt werden.
Variation 2: Der einbrechende Spieler muss bei der Rückkehr ins Oktagon über eine andere Linie des Hexagons dribbeln.

Spielleitlinien:

- Wir passen den Ball und sprinten in einen neuen Raum.
- Wir passen raumgreifend in Zielräume nach vorne.
- Wir starten mutige Aktionen mit dem Ball.

Spiel 35: Leibchen on-off

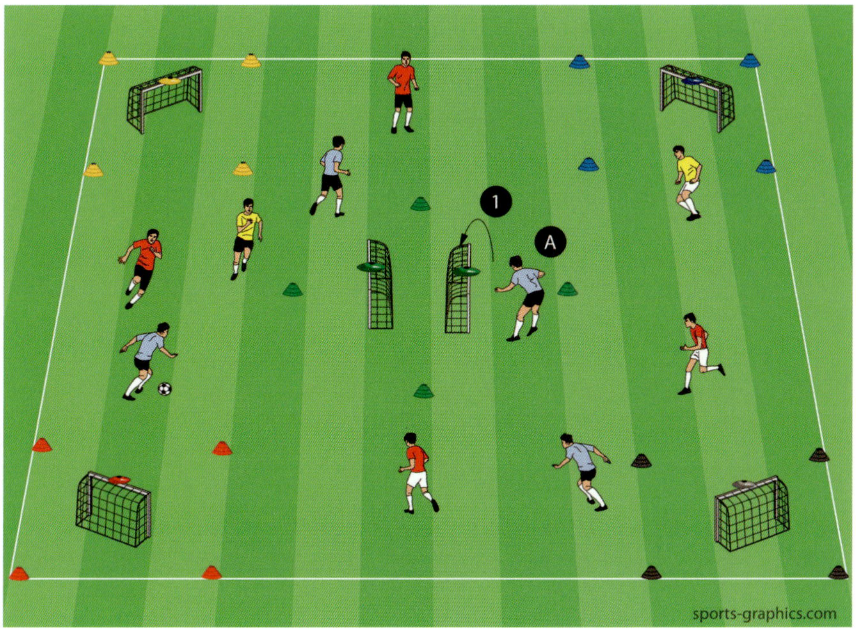

Aufbau/Organisation: 9-14 Spieler, 2 Teams, 6 Minitore, Hütchen, Leibchen. An den Minitoren sind Leibchen mit den entsprechenden Farben befestigt.

Spielziel: In dieser Spielform agieren zwei Teams gegeneinander. Die beiden neutralen Spieler (hier in Gelb) gehören immer dem ballbesitzenden Team an. Das ballbesitzende Team spielt sich den Ball untereinander zu und versucht, zu punkten. Das verteidigende Team will den Ball erobern. Das angreifende Team kann einen Punkt erzielen, indem es einen Treffer in einem geöffneten Tor erzielt. Die Angreifer können die Tore öffnen, indem sie die an der Torlatte herunterhängenden Leibchen nach oben auf das Tor legen (siehe A und 1). Zu Beginn des Spiels sind bereits zwei Tore geöffnet. Das verteidigende Team darf die geöffneten Tore wieder schließen. Dazu wird das Leibchen einfach wieder heruntergehängt. In den markierten Vierecken darf sich nur ein Spieler zur gleichen Zeit aufhalten. Welches Team erzielt die meisten Tore?

Variation 1: Wird ein Tor in der grünen Zentrumszone erzielt, zählt das Tor doppelt.
Variation 2 („Knock-Out"): Trifft ein Team zwei Mal hintereinander auf eines der beiden zentralen, grünen Tore oder erzielt ein Team insgesamt 4 Tore (davon muss ein Tor auf den grünen Zentrumstoren erzielt worden sein), so gewinnt die Mannschaft das Spiel sofort („Knock-Out").

Spielleitlinien:

- Wir überwinden den Gegner, indem wir das Zentrum bedrohen.
- Wir jagen Ball und Gegner.
- Wir coachen uns gegenseitig.

Spiel 36: Umgedrehte Tore

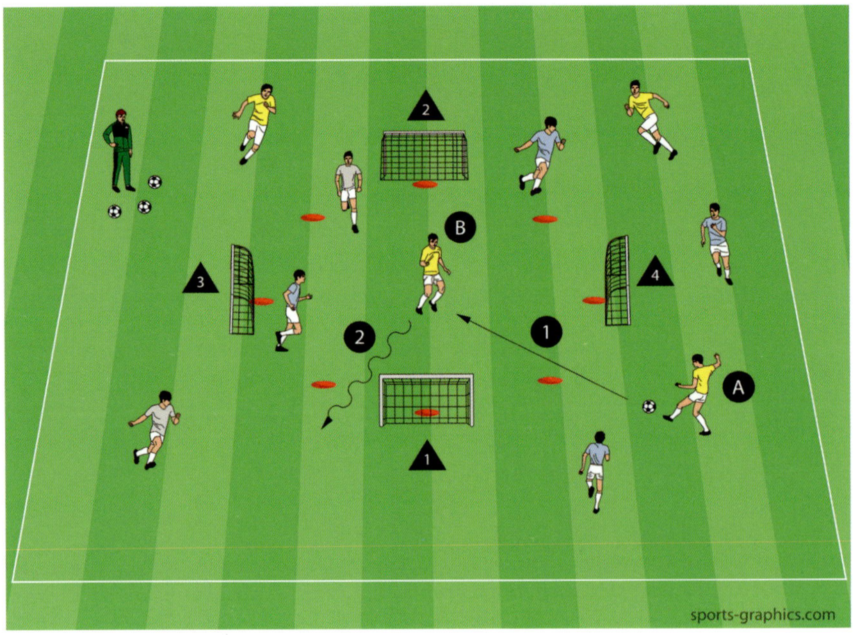

Aufbau/Organisation: 9-12 Spieler, 2 Teams, 4 Minitore, Floor-Marker, Bälle, Leibchen.

Spielziel: In dieser Spielform agieren zwei Teams gegeneinander. Die beiden neutralen Spieler (hier in Grau) gehören immer dem ballbesitzenden Team an. Das ballbesitzende Team spielt sich den Ball untereinander zu und versucht, zu punkten. Das verteidigende Team will den Ball erobern. Es wird ohne Feldbegrenzung gespielt. Bei Bedarf spielt der Trainer einen neuen Ball ein. Das angreifende Team kann einen Punkt erzielen, indem der Ball von außen in den Kreis zu einem Mitspieler gepasst wird und anschließend an einer anderen Stelle aus dem Kreis herausgedribbelt wird (siehe A und 1 sowie B und 2). Für diese Aktion erhält das angreifende Team einen Punkt. Es kann ein zweiter Punkt erspielt werden, wenn nach dem Überdribbeln der Kreislinie auf eines der vier Minitore erfolgreich abgeschlossen wird. Verliert das ballbesitzende Team nach dem Überdribbeln der Kreislinie den Ball an das verteidigende Team, so gibt es nur einen Punkt und das Spielziel muss bei anschließender Balleroberung neu erfüllt werden. Welches Team erzielt in 10 Minuten die meisten Punkte?

Variation 1: Um in den Kreis zu gelangen, muss zuerst die Kreislinie überdribbelt und anschließend aus dem Kreis herausgespielt werden.
Variation 2: Es kann nur noch auf drei Tore ein Zusatzpunkt erzielt werden. Geschlossen ist immer das Tor, das dem Ball beim Verlassen des Kreises am nächsten ist.

Beispiel (siehe B und 2): Hier ist Tor 1 geschlossen und die Tore 2, 3 und 4 sind geöffnet.

Spielleitlinien:
- Wir passen raumgreifend in Zielräume nach vorne.
- Wir bedrohen Räume im Rücken des Gegners unerkannt.
- Wir starten mutige Aktionen mit Ball.

Spiel 37: Kreisviertel

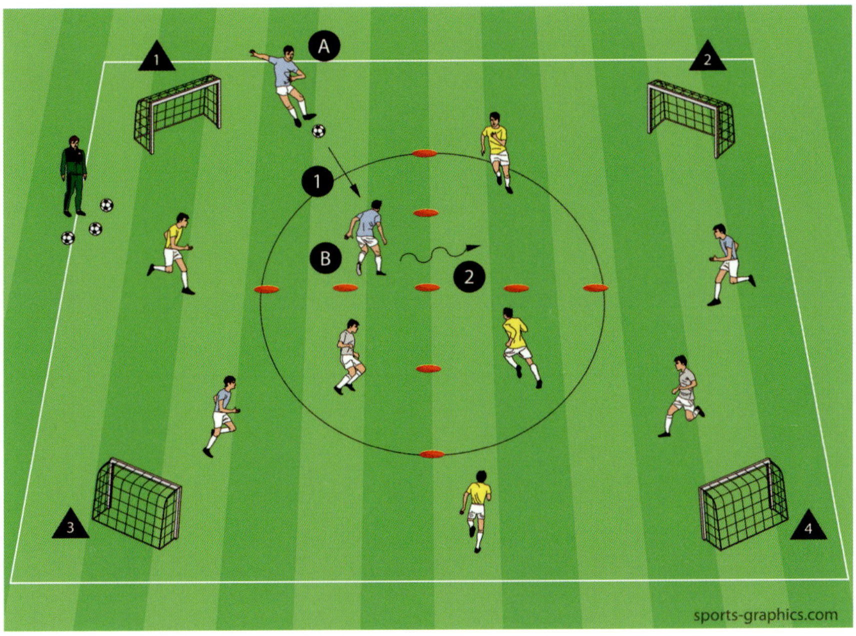

Aufbau/Organisation: 9-12 Spieler, 2 Teams, 4 Minitore, Floor-Marker, Bälle, Leibchen.

Spielziel: In dieser Spielform agieren zwei Teams gegeneinander. Die beiden neutralen Spieler (hier in Grau) gehören immer dem ballbesitzenden Team an. Das ballbesitzende Team spielt sich den Ball untereinander zu und versucht, zu punkten. Das verteidigende Team will den Ball erobern. Es wird ohne Feldbegrenzung gespielt. Bei Bedarf spielt der Trainer einen neuen Ball ein. Das angreifende Team kann einen Punkt erzielen, indem der Ball von außen in den Kreis gepasst wird (siehe A und 1) und anschließend der angespielte Mitspieler über eine Linie in den Kreis dribbelt (siehe B und 2). Für diese Aktion erhält das Team einen Punkt. Es kann ein Extrapunkt erspielt werden, wenn im Anschluss auf eines der vier Minitore erfolgreich abgeschlossen wird. Verliert das ballbesitzende Team nach dem Überdribbeln der Linie den Ball an das verteidigende Team, so gibt es nur einen Punkt und das Spielziel muss bei anschließender Balleroberung neu erfüllt werden. Welches Team erzielt in 10 Minuten die meisten Punkte?

Variation 1: Um in den Kreis zu gelangen, muss zuerst die Kreislinie überdribbelt und anschließend über eine Linie in den Kreis zu einem Mitspieler gepasst werden.

Variation 2: Es kann nur noch auf drei Tore ein Extrapunkt erzielt werden. Geschlossen ist immer das Tor, das zu dem Viertelkreis gehört, in den hineingedribbelt oder hineingespielt wurde.

Beispiel (siehe B und 2): Hier ist Tor 2 geschlossen und die Tore 1, 3 und 4 sind geöffnet.

Spielleitlinien:

- Wir starten mutige Aktionen mit dem Ball.
- Wir coachen uns gegenseitig.
- Wir bedrohen im Rücken des Gegners Räume unerkannt.

Spiel 38: Verrückte Dreiecke

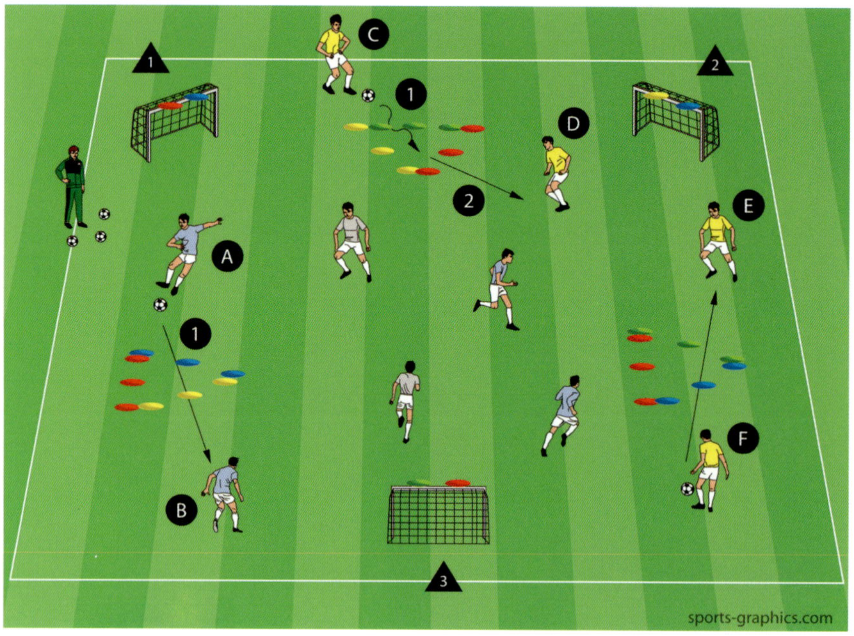

Aufbau/Organisation: 9-12 Spieler, 2 Teams, 3 Minitore, Floor-Marker, Bälle, Leibchen. An den Minitoren sind Leibchen mit folgenden Farben befestigt: Tor 1 = rotes und blaues Leibchen, Tor 2 = gelbes und blaues Leibchen, Tor 3 = grünes und rotes Leibchen.

Spielziel: In dieser Spielform agieren zwei Teams gegeneinander. Die beiden neutralen Spieler (hier in Grau) gehören immer dem ballbesitzenden Team an. Das ballbesitzende Team spielt sich den Ball untereinander zu und versucht, zu punkten. Das verteidigende Team will den Ball erobern. Es wird ohne Feldbegrenzung gespielt. Bei Bedarf spielt der Trainer einen neuen Ball ein. Das angreifende Team kann einen Punkt erzielen, indem der Ball durch eines der Dreiecke gepasst und anschließend ein Tor erzielt wird. Dabei bestimmen die Farben, die der Ball beim Durchpassen des Dreiecks überrollt hat, welche Tore geöffnet sind.

Beispiel (siehe A und 1): Nach dieser Aktion sind die Minitore geöffnet, an denen ein blaues oder gelbes Leibchen befestigt ist. Folglich die Tore 1 und 2. Es besteht jederzeit die Möglichkeit, ein anderes Dreieck mit neuen Farben zu durchspielen und somit andere Tore zu öffnen. Trifft die angreifende Mannschaft das richtige Tor, so erhält sie einen Punkt. Der Trainer spielt nach Torerfolg einen neuen Ball von außen ein. Verliert das ballbesitzende Team nach dem Durchpassen eines Dreiecks den Ball an das verteidigende Team, so gibt es keinen Punkt und das Spielziel muss bei anschließender Balleroberung neu erfüllt werden. Welches Team erzielt in 10 Minuten die meisten Punkte?

Variation 1: Nun darf auch eine Linie des Dreiecks überdribbelt werden. Der ballbesitzende Spieler kann beispielsweise in das Dreieck reindribbeln und anschließend rauspassen. Weiterhin sind beim Torabschluss die überdribbelten und überpassten Farben des Dreiecks zu berücksichtigen. Trifft der Spieler auf das Tor, das der überdribbelten Farbe entspricht, so zählt das Tor doppelt.

Beispiel (siehe C und 1): Der Spieler überdribbelt zuerst die grüne Linie des Dreiecks und spielt dann einen Pass über die rote Linie, zu seinem Mitspieler (siehe D und 2). Folglich sind die Tore 1 und 3 geöffnet. Trifft das angreifende Team nun auf Tor 3, so erhält es zwei Punkte.

Variation 2: Ein Dreieck kann durchpasst oder durchdribbelt werden. Nun ist immer das Tor geschlossen, das genau die beiden Leibchenfarben besitzt, welche überspielt oder überdribbelt worden sind.

Beispiel (siehe A, B und 1): In dieser Aktion wurde das Dreieck durchpasst und die Farben Blau und Gelb überspielt. Daher ist das Tor 2 geschlossen, denn es besitzt genau die beiden Farben, die überspielt wurden. Wichtig ist, dass das Tor genau beide Farben besitzen muss, um geschlossen zu sein. Es besteht somit auch die Möglichkeit, dass alle drei Tore geöffnet sind.

Beispiel (siehe E und F): In dieser Spielszene wird das Dreieck durchpasst und die Farben Blau und Grün überspielt. Keines der drei Tore besitzt genau diese Farbkombination. Daher kann auf alle drei Tore gespielt werden.

Spielleitlinien:

- Wir starten mutige Aktionen mit dem Ball.
- Wir schießen scharf und gezielt.
- Wir scannen das Spielfeld, denken und schauen in alle Richtungen.

Spiel 39: Zocken

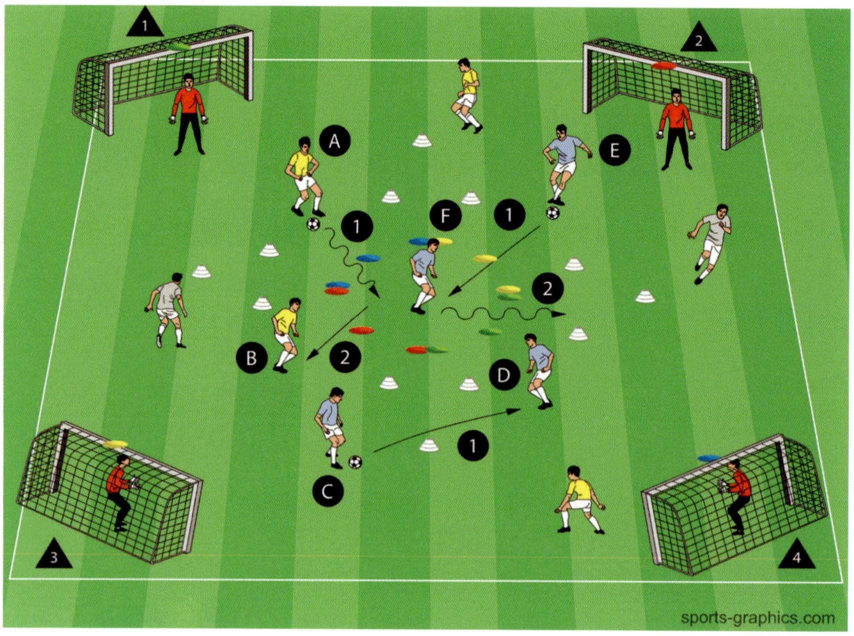

Aufbau/Organisation: 14 Spieler, 2 Teams, 4 Tore, Floor-Marker, Bälle, Leibchen. An den 4 Toren sind Leibchen mit folgenden Farben befestigt: Tor 1 = grünes Leibchen, Tor 2 = rotes Leibchen, Tor 3 = gelbes Leibchen und Tor 4 = blaues Leibchen.

Spielziel: In dieser Spielform agieren zwei Teams gegeneinander. Die beiden neutralen Spieler (hier in Grau) gehören immer dem ballbesitzenden Team an. Das ballbesitzende Team spielt sich den Ball untereinander zu und versucht, zu punkten. Das verteidigende Team will den Ball erobern. Es wird ohne Feldbegrenzung gespielt. Bei Bedarf spielt der Trainer einen neuen Ball ein. Das ballbesitzende Team hat zwei Möglichkeiten, um einen Punkt zu erzielen:

- Eines der Dreiecke wird durchspielt. Dann sind die beiden gegenüberliegenden Tore geöffnet (immer vom durchspielten Dreieck aus betrachtet). **Beispiel (siehe C und 1):** Hier wird das Dreieck von Spieler C zu Spieler D durchpasst. Damit sind die gegenüberliegenden Tore 1 und 2 offen.
- Der ballführende Spieler dribbelt in den Kreis und passt den Ball aus dem Kreis zu einem anderen Mitspieler. Mit dieser Aktion öffnen sich alle Tore, die nicht in dem Kreisviertel stehen, aus dem der Ball den Kreis verlassen hat. Somit sind drei Tore geöffnet.

Beispiel (siehe A und 1): In dieser Aktion dribbelt der Spieler über die blaue Linie in den Kreis. Im Anschluss passt er (siehe 2) den Ball über die rote Linie zu Spieler B. Dementsprechend sind die Tore 1, 2 und 4 offen.

Der Trainer spielt nach Torerfolg einen neuen Ball von außen ein. Verliert das ballbesitzende Team beim Versuch, die Tore zu öffnen, den Ball an das verteidigende Team, so gibt es keinen Punkt und das Spielziel muss bei anschließender Balleroberung neu erfüllt werden. Welches Team erzielt in 10 Minuten die meisten Punkte?

Variation 1: Das ballbesitzende Team hat wieder zwei Möglichkeiten, um einen Punkt zu erzielen:

- Es werden zwei Dreiecke durchpasst. Dabei sind weiterhin immer die gegenüberliegenden Tore des zuletzt durchspielten Dreiecks geöffnet.
- Es wird in den Kreis gedribbelt oder gepasst. Nun darf das ballbesitzende Team auch in den Kreis passen. Wichtig ist, wenn in den Kreis gedribbelt wird, dann muss aus dem Kreis heraus ein Mitspieler angespielt werden. Wenn in den Kreis gepasst wird, dann muss aus dem Kreis herausgedribbelt werden. Die Torregel bleibt gleich. Es sind also immer die drei Tore geöffnet, die nicht in dem Kreisviertel stehen, aus dem der Ball den Kreis verlassen hat. Beispiel (siehe E und 1): In dieser Aktion passt Spieler E den Ball über die gelbe Kreislinie zu Spieler F. Anschließend dribbelt Spieler F über die grüne Kreislinie aus dem Kreis heraus (siehe F und 2). Folglich sind die Tore 1, 2 und 3 geöffnet. Der Trainer spielt nach Torerfolg einen neuen Ball von außen ein.

Variation 2: Das Spielziel bleibt gleich, aber es wird eine Tor-Fortsetzungs-Regel eingeführt. Nach Torerfolg läuft das Spiel immer vom gegenüberliegenden Tor wieder an. Dazu spielt der Torwart den Ball zu der Mannschaft, die zum Torerfolg gekommen ist.

Variation 3 (Zocken 1): Das ballbesitzende Team kann einen Punkt erzielen, indem ein Dreieck durchpasst oder in den Kreis gedribbelt/gespielt wird (die Regeln aus Variation 1 zählen hier weiterhin). Das ballbesitzende Team kann nun aber auch entscheiden, dass es beispielsweise zwei Dreiecke durchspielen will. Trifft das Team anschließend das Tor, so erhält es zwei Punkte. Für drei oder vier durchspielte Dreiecke verhält sich die Punktverteilung ebenso. Pro durchspieltem Dreieck gibt es folglich immer einen Punkt. Da kein Dreieck doppelt durchspielt werden darf, sind maximal vier Punkte vor einem Torabschluss möglich. Die erspielten Punkte müssen mit einem Tor gesichert werden. Wird kein Tor erzielt, verliert das Team alle zuvor erspielten Punkte. Nach einem Torerfolg wird das Spiel über den gegenüberliegenden Torhüter gestartet.

Variation 4 (Zocken 2 – Schnelles Umschalten): Gewinnt das verteidigende Team den Ball innerhalb des Kreises, so darf sofort aus dem Kreis gedribbelt oder gepasst und auf ein Tor abgeschlossen werden. Dabei gilt, wie für die Angreifer auch, dass immer die drei Tore geöffnet sind, die nicht in dem Kreisviertel stehen, aus dem der Ball den Kreis verlassen hat.

Beispiel: Der Verteidiger gewinnt in dem Kreis den Ball und dribbelt über die rote Linie aus dem Kreis heraus. Nun kann auf die Tore 1, 2 und 4 abgeschlossen werden. Bei Torerfolg bekommt das bis dato verteidigende Team immer die Anzahl von Punkten, die sich das angreifende/ballbesitzende Team vorher erspielt hatte. Wurden also schon zwei Dreiecke vom ballbesitzenden Team durchspielt und das verteidigende Team gewinnt den Ball im Kreis und kommt anschließend zum Torerfolg, dann erhalten die Verteidiger die zwei Punkte. Nach dem Torerfolg wechseln auch die Spielrollen, da der Torwart den Ball immer zu dem Team spielt, das zum Torerfolg gekommen ist.

Spielleitlinien:

- Wir starten mutige Aktionen mit Ball.
- Wir coachen uns gegenseitig.
- Wir passen den Ball und sprinten in einen neuen Raum.

Spiel 40: König der Figuren

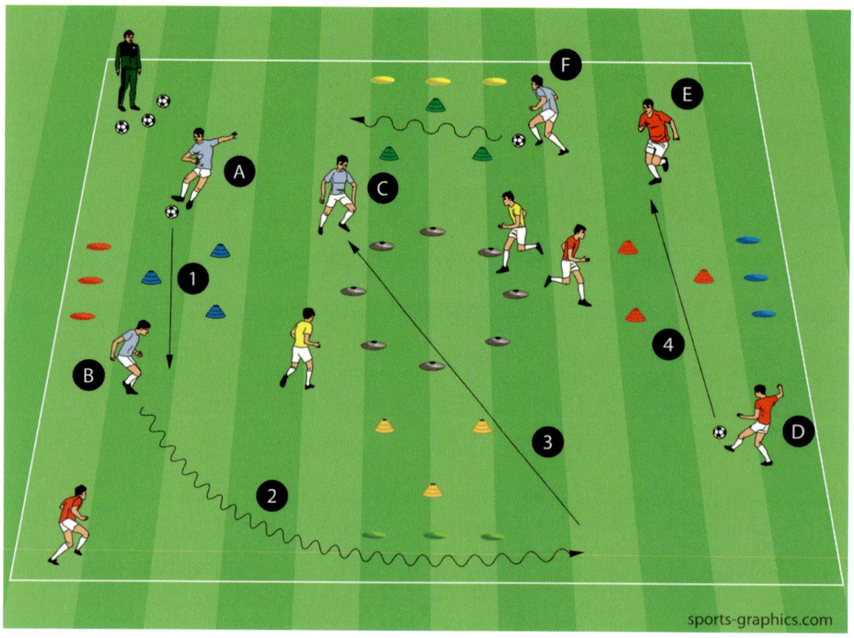

Aufbau/Organisation: 9-12 Spieler, 2 Teams, Hütchen, Floor-Marker, Bälle, Leibchen.

Spielziel: In dieser Spielform agieren zwei Teams gegeneinander. Die beiden neutralen Spieler (hier in Gelb) gehören immer dem ballbesitzenden Team an. Das ballbesitzende Team spielt sich den Ball untereinander zu und versucht, zu punkten. Das verteidigende Team will den Ball erobern. Es wird ohne Feldbegrenzung gespielt. Bei Bedarf spielt der Trainer einen neuen Ball ein. Das angreifende Team kann einen Punkt erzielen, indem ein Dreieck durchspielt und im Anschluss hinter einem Linientor entlanggedribbelt wird. Es sind immer die Linientore geöffnet, die nicht an dem Dreieck stehen, das durchspielt wurde. Folglich sind immer drei Linientore bespielbar.

Beispiel: Das blaue Team durchspielt das blaue Dreieck (siehe A, B und 1). Jetzt kann das gelbe, blaue und grüne Linientor abgedribbelt werden. Spieler B dribbelt hinter dem grünen Linientor entlang (siehe 2). Ist diese Aktion erfolgreich abgeschlossen, erhält das blaue Team einen Punkt. Passt Spieler B den Ball danach sofort zu einem Mitspieler durch den Kreis, erhält das Team einen Zusatzpunkt (siehe C und 3). Spieler B kann auch durch den Kreis dribbeln, um einen Zusatzpunkt zu erhalten. Welches Team erzielt in 10 Minuten die meisten Punkte?

Variation 1: Der Kreis kann nun anstatt der Dreiecke durchspielt werden. Ist der Kreis erfolgreich durchpasst worden, sind alle vier Linientore geöffnet. Weiterhin kann ein Zusatzpunkt erzielt werden, wenn der Kreis im Anschluss an das Abdribbeln des Linientors durchspielt oder durchdribbelt wird.

Variation 2: Wird ein Dreieck durchspielt, dann ist immer das Linientor geöffnet, das die Farbe des durchspielten Dreiecks trägt. Zudem ist noch das Tor rechts daneben bespielbar. (**Hinweis:** Immer das Linientor im Uhrzeigersinn).

Beispiel: Das rote Team durchspielt das rote Dreieck (siehe D, E und 4). Nun kann auf dem roten oder auf dem gelben Linientor gepunktet werden. Ein Zusatzpunkt kann, wie vorher erklärt, auch in dieser Variation erspielt werden.

Variation 3: Die Dreiecke können nun zusätzlich auch durchdribbelt werden. Wird ein Dreieck durchdribbelt, dann ist immer das Linientor bespielbar, das die Farbe des durchdribbelten Dreiecks trägt. Zudem öffnet sich noch das Linientor links daneben. (**Hinweis:** Immer das Linientor gegen den Uhrzeigersinn).
Beispiel: Der blaue Spieler durchdribbelt das grüne Dreieck (siehe F). Jetzt kann das blaue Team auf dem grünen oder auf dem blauen Linientor einen Punkt erzielen. Ein Zusatzpunkt durch den Kreis kann auch hier erspielt werden.

Variation 4 (für Experten): Das ballbesitzende Team muss nun die Zusatzregel erfüllen, um einen Punkt zu erzielen. Folglich ist zuerst ein Dreieck oder der Kreis zu durchpassen/zu durchdribbeln, anschließend das entsprechende Linientor abzudribbeln und im letzten Schritt der Kreis zu durchpassen oder zu durchdribbeln.

Spielleitlinien:

- Wir reißen das Spiel an uns und sind ballhungrig.
- Wir coachen uns gegenseitig.
- Wir starten mutige Aktionen mit Ball.

Spiel 41: Super Mario

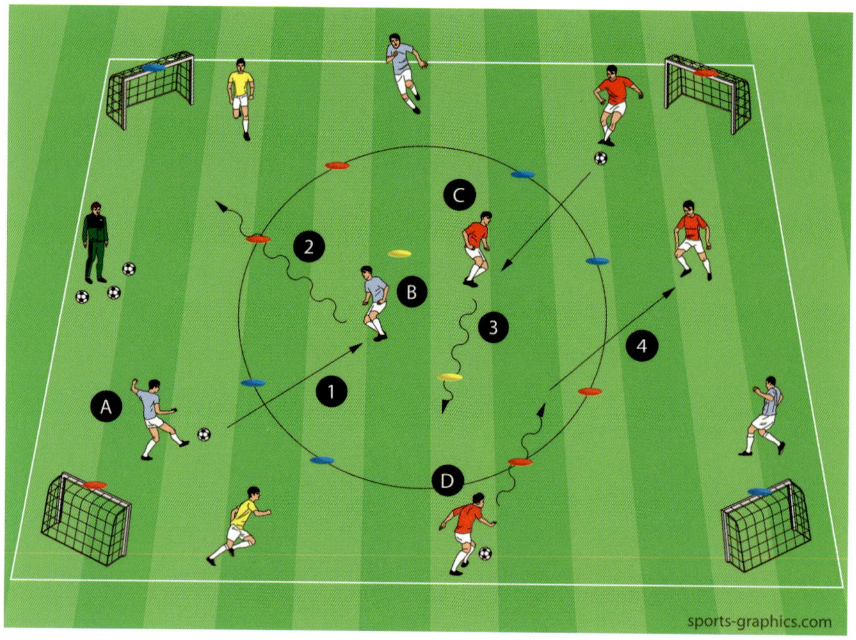

Aufbau/Organisation: 9-12 Spieler, 2 Teams, 4 Minitore, Leibchen, Floor-Marker, Bälle. Auf der Kreislinie liegen Leibchen in den Torfarben. An den Minitoren sind Leibchen mit den entsprechenden Farben befestigt. Im Kreis liegen zwei gelbe Mario-Power-Leibchen.

Spielziel: In dieser Spielform agieren zwei Teams gegeneinander. Die beiden neutralen Spieler (hier in Gelb) gehören immer dem ballbesitzenden Team an. Das ballbesitzende Team spielt sich den Ball untereinander zu und versucht, zu punkten. Das verteidigende Team will den Ball erobern. Es wird ohne Feldbegrenzung gespielt. Bei Bedarf spielt der Trainer einen neuen Ball ein. Das ballbesitzende Team kann einen Punkt erzielen, indem ein Spieler den Ball zu seinem Mitspieler in den Kreis passt. Dieser dribbelt dann über ein Leibchen aus dem Kreis heraus und schließt auf das entsprechend farbig markierte Minitor ab. Es sind folglich immer die Minitore geöffnet, die der überdribbelten Leibchenfarbe entsprechen.

Beispiel: Der blaue Spieler passt den Ball zu seinem Mitspieler, der im Kreis steht (siehe A, B und 1). Spieler B dribbelt über das rote Leibchen aus dem Kreis heraus (siehe 2). Das blaue Team kann jetzt auf die beiden rot markierten Minitore abschließen und einen Punkt erzielen. Verliert das ballbesitzende Team bei dem Versuch, die Tore zu öffnen, den Ball an das verteidigende Team, so muss das Spielziel bei anschließender Balleroberung neu erfüllt werden. Welches Team erzielt in 10 Minuten die meisten Punkte?

Variation 1: Gelingt es einem Spieler, eines der gelben Leibchen innerhalb des Kreises zu überdribbeln (siehe C und 3), so wird dieser Spieler zu Mario und erhält eine Superkraft. Zudem darf das ballbesitzende Team auf alle vier Tore abschließen. Marios Superkraft besteht darin, dass kein Gegenspieler ihm den Ball abnehmen darf. Die Gegenspieler müssen Mario dreimal am Körper ticken, damit die Superkraft erlischt. Ist dies geschafft, so ist der Spieler nicht mehr Mario und darf auch wieder attackiert werden. Passt Mario den Ball zu einem Mitspieler, bevor er durch das Abticken seine Superkraft verloren hat, ist der Spieler auch nicht mehr Mario.

Variation 2: Es ist auch möglich, über ein Leibchen in den Kreis hineinzudribbeln (siehe D) und den Ball anschließend an irgendeiner Stelle aus dem Kreis herauszupassen (siehe 4). In diesem Fall sind die beiden Tore der überdribbelten Leibchenfarbe geöffnet (hier Rot). Der ballbesitzende Spieler kann auch an irgendeiner Stelle in den Kreis hineindribbeln und über das gelbe Leibchen dribbeln oder einen Mitspieler über das gelbe Leibchen anspielen. Dadurch erhält der Spieler wieder das Mario-Power-Leibchen und es sind alle vier Tore geöffnet.

Spielleitlinien:

- Wir wollen Tore schießen.
- Wir überwinden den Gegner, indem wir das Zentrum bedrohen.
- Wir coachen uns gegenseitig.

Spiel 42: Rautenregenbogen

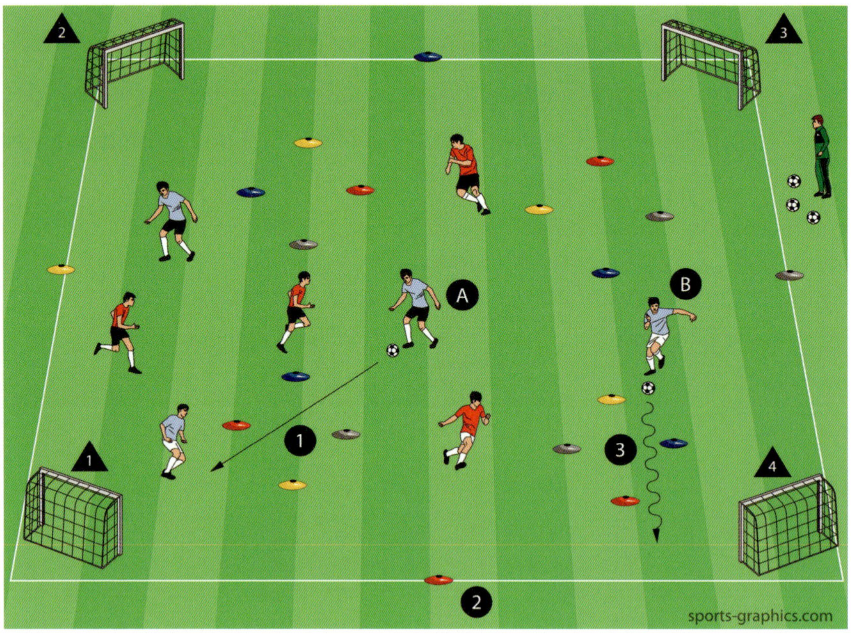

Aufbau/Organisation: 8-12 Spieler, 2 Teams, Floor-Marker, 4 Minitore, Bälle, Leibchen. (**Hinweis:** Es ist möglich, zusätzlich mit neutralen Spielern zu spielen.)

Spielziel: In dieser Spielform agieren zwei Teams gegeneinander. Das ballbesitzende Team spielt sich den Ball untereinander zu und versucht, zu punkten. Das verteidigende Team will den Ball erobern. Das angreifende Team kann einen Punkt erzielen, indem ein Pass durch eine der Rauten gespielt und anschließend ein Tor erzielt wird. Dabei bestimmt die rechte Hütchenfarbe der Linie, die der Ball beim Durchpassen der Raute als Letztes überrollt hat, welche Tore offen sind. (Immer aus der Spielrichtung betrachtet.)

Beispiel (siehe A und 1): Der Ball überrollt als Letztes die Linie mit der Farbkombination gelb-rot. Das rote Hütchen ist, vom Passgeber aus betrachtet, das rechte Hütchen. Daher sind die Minitore 1 und 4 geöffnet, da diese beiden Tore auf der roten Grundlinie stehen (siehe 2). Es besteht jederzeit die Möglichkeit, eine andere Raute zu durchspielen und neue Tore freizuschalten. Trifft die angreifende Mannschaft das richtige Tor, so gibt es einen Punkt. Der Trainer spielt nach einem Torerfolg einen neuen Ball von außen ein. Verliert das ballbesitzende Team nach dem Durchpassen eines Dreiecks den Ball an das verteidigende Team, so gibt es keinen Punkt und das Spielziel muss bei anschließender Balleroberung neu erfüllt werden. Welches Team erzielt in 10 Minuten die meisten Punkte?

Variation 1: Die linke Hütchenfarbe der zuletzt überspielten Linie bestimmt, welche Tore geöffnet sind.

Beispiel (siehe A und 1): Hier sind die Minitore 1 und 2 freigeschaltet, da sie auf der gelben Grundlinie stehen.

Variation 2: Es ist auch möglich, eine Raute zu durchdribbeln (siehe B und 3). Hier gilt ebenfalls, dass das rechte Hütchen der zuletzt überdribbelten Linie entscheidet, welche Tore freigeschaltet sind. (Immer aus der Spielrichtung betrachtet.)

Beispiel (siehe B und 3): Hier sind die Minitore 1 und 4 geöffnet, da sie auf der roten Grundlinie stehen.

Variation 3: Die linke Hütchenfarbe der zuletzt überdribbelten Linie bestimmt, welche Tore geöffnet sind.

Beispiel (siehe B und 3): Hier sind die Minitore 2 und 3 freigeschaltet, da sie auf der blauen Grundlinie stehen.

Variation 4: Nun bestimmt der Trainer, ob die linke oder die rechte Hütchenfarbe der zuletzt überspielten/überdribbelten Linie angibt, welche Tore geöffnet sind. Dafür hält der Trainer den rechten oder den linken Arm hoch, nachdem eine Raute durchspielt oder durchdribbelt worden ist. (Der rechte Arm steht für das rechte Hütchen, der linken Arm für das linke Hütchen.)

Variation 5: Der Trainer kann auch beide Arme hochhalten. Dann sind alle Tore, bis auf das Tor, das sich direkt vor dem ballführenden Spieler befindet, geöffnet.

Beispiel (siehe A und 1): Hier sind die Minitore 2, 3 und 4 freigeschaltet.

Spielleitlinien:

- Wir sind immer aktiv und anspielbar.
- Wir coachen uns gegenseitig.
- Wir schießen scharf und gezielt.

Spiel 43: Geöffnete und verschlossene Tore

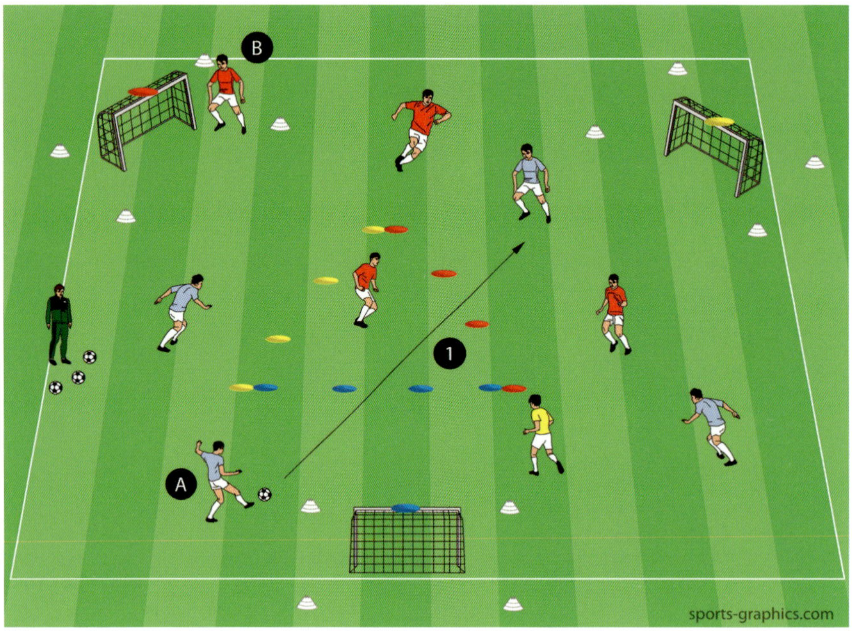

Aufbau/Organisation: 9-12 Spieler, 2 Teams, 3 Minitore, Floor-Marker, Bälle, Leibchen. An den Minitoren sind Leibchen mit den Farben Rot, Gelb und Blau befestigt.

Spielziel: In dieser Spielform agieren zwei Teams gegeneinander. Der neutrale Spieler (hier in Gelb) gehört immer dem ballbesitzenden Team an. Das ballbesitzende Team spielt sich den Ball untereinander zu und versucht, zu punkten. Das verteidigende Team will den Ball erobern. Das angreifende Team kann einen Punkt erzielen, indem der Ball durch das Dreieck gepasst wird und anschließend ein Tor erzielt wird. Der ballführende Spieler kann auch über die Linien des Dreiecks dribbeln, um auf ein Tor abschließen zu können. Dabei bestimmen die Farben, die der Ball beim Durchpassen/Durchdribbeln des Dreiecks überrollt hat, welche Tore geöffnet sind.

Beispiel (siehe A und 1): Nach dieser Aktion sind die Minitore geöffnet, an denen ein blaues oder rotes Leibchen befestigt ist. Trifft die angreifende Mannschaft das richtige Tor, so gibt es einen Punkt. Es besteht jederzeit die Möglichkeit, das Dreieck erneut zu durchspielen oder zu durchdribbeln, um andere Tore zu öffnen. Der Trainer spielt nach einem Torerfolg einen neuen Ball von außen ein. Verliert das ballbesitzende Team nach dem Durchpassen/Durchdribbeln des Dreiecks den Ball an das verteidigende Team, so gibt es keinen Punkt und das Spielziel muss bei anschließender Balleroberung neu erfüllt werden. Welches Team erzielt in 10 Minuten die meisten Punkte?

Variation 1: Wird ein Tor erzielt, so erhält das erfolgreiche Team einen Bonusball. Diesen spielt der Trainer von außen ein. Es darf sofort auf alle drei Tore abgeschlossen werden. Trifft die erfolgreiche Mannschaft erneut, erhält sie einen zweiten Punkt. Gewinnt das verteidigende Team den Bonusball, so ist das Spielziel zu erfüllen, um auf ein Tor abschließen zu dürfen.

Variation 2: Das verteidigende Team kann nun geöffnete Tore wieder verschließen. Dazu darf ein Verteidiger in das weiße Quadrat laufen und das Tor abticken (siehe B). Anschließend muss er das Quadrat wieder verlassen.

Beispiel: Das angreifende Team hat die blaue und die rote Linie des Dreiecks überspielt. Damit sind die Tore Rot und Blau geöffnet. Bevor das ballbesitzende Team auf eines der Tore abschließen kann, schafft es ein Verteidiger, das rote Tor abzuticken. Damit schließt sich das rote Tor. Weiterhin ist jedoch das blaue Tor geöffnet und neu hinzu kommt nun das gelbe Tor.

Es sind immer zwei Tore geöffnet. Durch das Abticken ändert sich nur die Farbe des zweiten Tors. Schießt ein Angreifer den Ball trotzdem in ein geschlossenes Tor, so erhält das Team keinen Punkt und der Trainer spielt einen neuen Ball für die bisher verteidigende Mannschaft ein.

Spielleitlinien:

- Wir behaupten den Ball.
- Wir sind immer aktiv und anspielbar.
- Wir scannen das Spielfeld, denken und schauen in alle Richtungen.

Spiel 44: Ringdreiecke

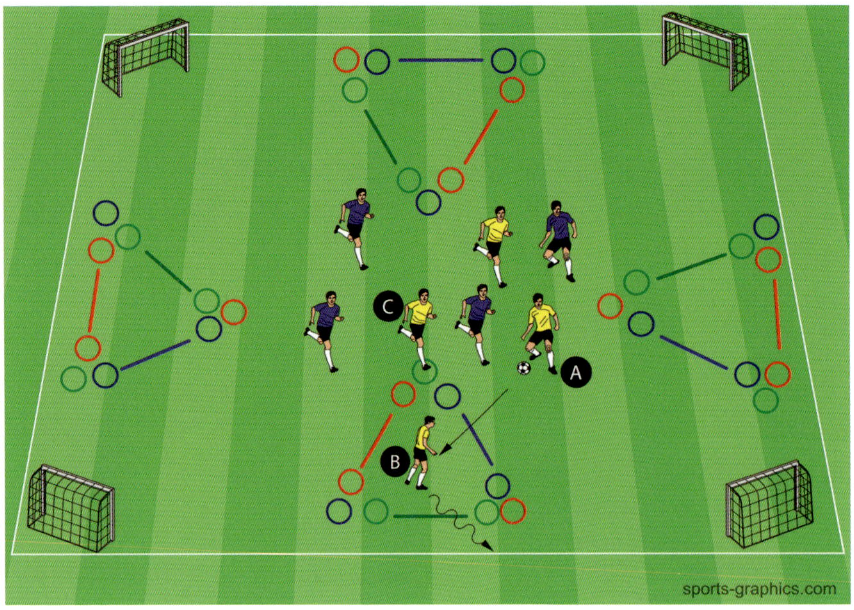

Aufbau/Organisation: 8-12 Spieler, 2 Teams, Ringe, 4 Minitore, Bälle, Leibchen. (**Hinweis:** Es ist möglich, zusätzlich mit neutralen Spielern zu spielen.)

Spielziel: In dieser Spielform agieren zwei Teams gegeneinander. Jedes Team erspielt dabei Punkte für sich. Das ballbesitzende Team spielt sich den Ball untereinander zu und versucht, zu punkten. Das verteidigende Team will den Ball erobern. Es kann ein Punkt erzielt werden, indem der Ball zu einem Mitspieler in ein Dreieck gespielt wird (siehe A und B). Ein weiterer Spieler des Teams betritt nun einen der Ringe, die an dem bespielten Dreieck liegen (siehe C). Die Farbe des Rings gibt an, über welche Seite der ballbesitzende Spieler das Dreieck verlassen kann (siehe B). Dribbelt der Spieler über die korrekte Seite aus dem Dreieck heraus, so erhält das Team einen Punkt. Welche Mannschaft hat zuerst fünf Punkte erspielt?

Variation 1: Der Ball wird weiterhin zu einem Mitspieler in ein Dreieck gespielt (siehe A und B). Ein anderer Spieler des Teams betritt wieder einen Ring am Dreieck. Die Farbe des Rings gibt jedoch nun an, über welche Seite der ballführende Spieler das Dreieck nicht verlassen darf.

Beispiel: Spieler C betritt den grünen Ring. Somit darf Spieler B das Dreieck über die blaue oder die rote Seite verlassen.

Variation 2: Nach zwei erfolgreichen Ringaktionen kann ein Zusatzpunkt erzielt werden, indem auf eines der 4 Minitore erfolgreich abgeschlossen wird.

Spielleitlinien:

- Wir starten mutige Aktionen mit Ball.
- Wir coachen uns gegenseitig.
- Wir wollen immer den Ball und nehmen dabei die beste Spielposition ein.

Spiel 45: Die Pylone entscheidet

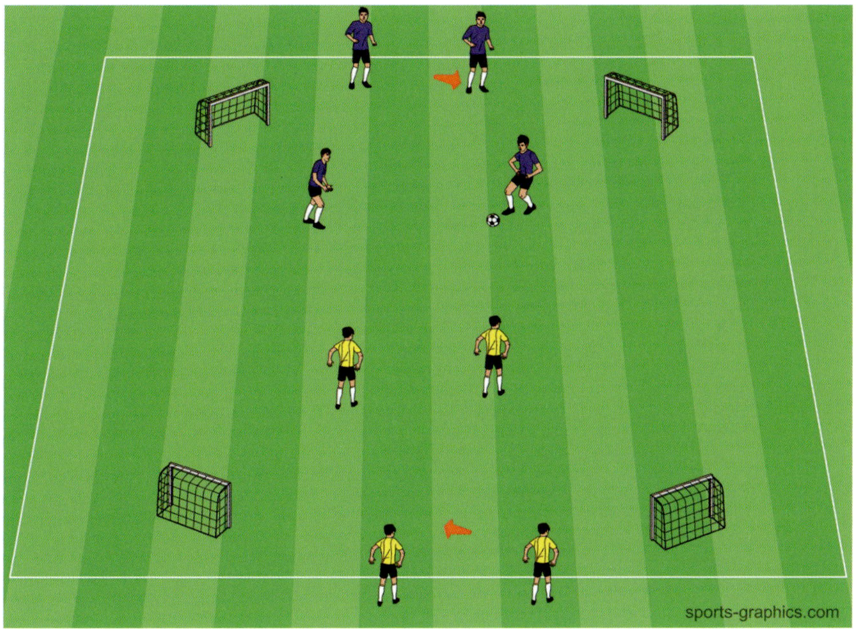

Aufbau/Organisation: 8 Spieler, 2 Teams, 4 Minitore, Bälle, Leibchen, 2 große Pylonen.

Spielziel: In diesem Spiel agieren zwei Teams im 2 gegen 2 gegeneinander. Jedes Team erspielt dabei Punkte für sich. Das ballbesitzende Team spielt sich den Ball untereinander zu und versucht, zu punkten. Das verteidigende Team will den Ball erobern. Es warten jeweils zwei Spieler außerhalb des Spielfeldes. Sie haben eine große Pylone vor sich liegen. Die Pylone wird vor Beginn des Spiels in die Richtung von einem der beiden Minitore gedreht. Es kann ein Punkt erzielt werden, indem der Ball in das gegnerische Tor geschossen wird. Dabei gibt die Pylone an, welches der beiden Tore geöffnet ist. Nach einem Torerfolg starten immer die an der Pylone wartenden Spieler in das Spielfeld (Ballbesitz hat das Team, das zuvor ein Tor geschossen hat). Die Pylone kann nun von den Spielern, die zuvor im Feld aktiv waren, einmal umgedreht werden. Dafür haben sie sieben Sekunden Zeit. Welches Team erzielt in 10 Minuten die meisten Punkte?

Variation 1: Die Pylone kann alle 20 Sekunden gedreht werden. Der Trainer gibt das Kommando zum Drehen der Pylone.
Variation 2: Die Teams bestimmen nun für die eigene und nicht mehr für die gegnerische Mannschaft, welches Tor geöffnet ist. (Dafür müssen sich die beiden wartenden Spieler jetzt an der Pylone des Gegners aufhalten.)
Variation 3: Die Pylone darf pro Spiel, also bis zu einem Torerfolg, dreimal gedreht werden. Der Zeitpunkt spielt dabei keine Rolle. Die Spieler entscheiden eigenständig, wann das Drehen der Pylone sinnvoll ist.

Spielleitlinien:
- Wir wollen Tore schießen.
- Wir passen raumgreifend in Zielräume nach vorne.
- Wir reißen das Spiel an uns und sind ballhungrig.

Spiel 46: Switchen

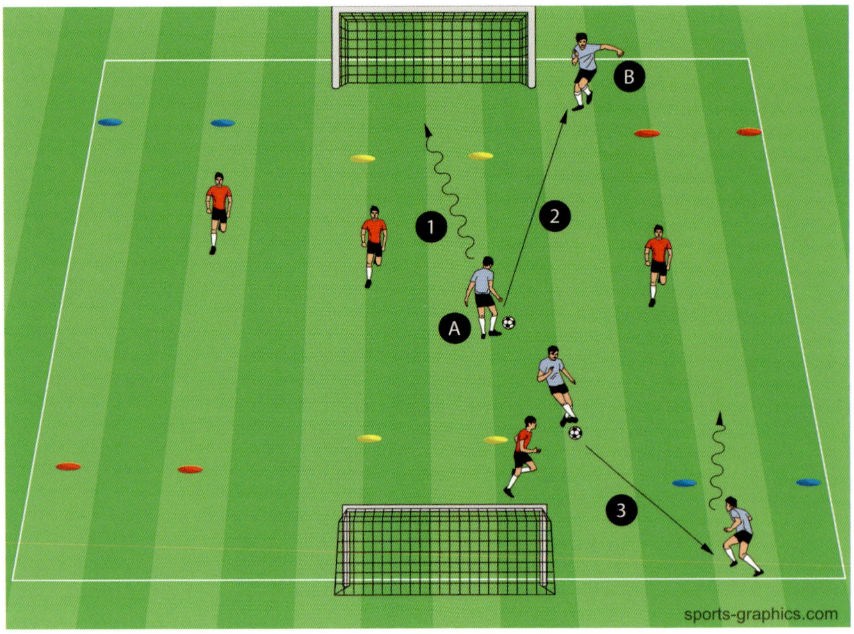

Aufbau/Organisation: 8-12 Spieler, 2 Teams, 6 Floor-Marker-Tore, 2 Tore, Bälle, Leibchen. (**Hinweis:** Es ist möglich, zusätzlich mit neutralen Spielern zu spielen.)

Spielziel: In dieser Spielform agieren zwei Teams gegeneinander. Jedes Team erspielt dabei Punkte für sich. Das ballbesitzende Team spielt sich den Ball untereinander zu und versucht, zu punkten. Das verteidigende Team will den Ball erobern. Es kann ein Punkt erzielt werden, indem das ballbesitzende Team durch ein blaues, gelbes oder rotes Floor-Marker-Tor dribbelt (siehe A und 1). Zudem kann durch ein Zuspiel auf einen Mitspieler ein Punkt erzielt werden. Dafür muss der Ball zwischen zwei Floor-Marker-Toren hindurchgespielt werden (siehe A, B und 2). Wird ein Punkt erzielt, wechselt die Spielrichtung auf die gegenüberliegenden Floor-Marker-Tore.

Variation 1: Die Floor-Marker-Tore können auch von hinten durchdribbelt werden.
Variation 2: Es können zwei Punkte erzielt werden, wenn ein Pass zu einem Mitspieler zwischen die Floor-Marker-Tore gespielt wird und dieser mit dem ersten Kontakt von hinten durch ein Floor-Marker-Tor dribbelt (siehe 3).
Variation 3: Nach einem erfolgreichen Richtungswechsel kann auf das Jugendtor abgeschlossen werden und damit ein Zusatzpunkt gewonnen werden.

Spielleitlinien:

- Wir schießen scharf und gezielt.
- Wir wollen immer den Ball und nehmen dabei die beste Spielposition ein.
- Wir wollen in torgefährliche Räume vordringen – Tiefe vor Breite.

4

Turnierformen und Abschlussspiele

Inhalt

Spiel 47: Vier Teams – sechs Tore – Challenge

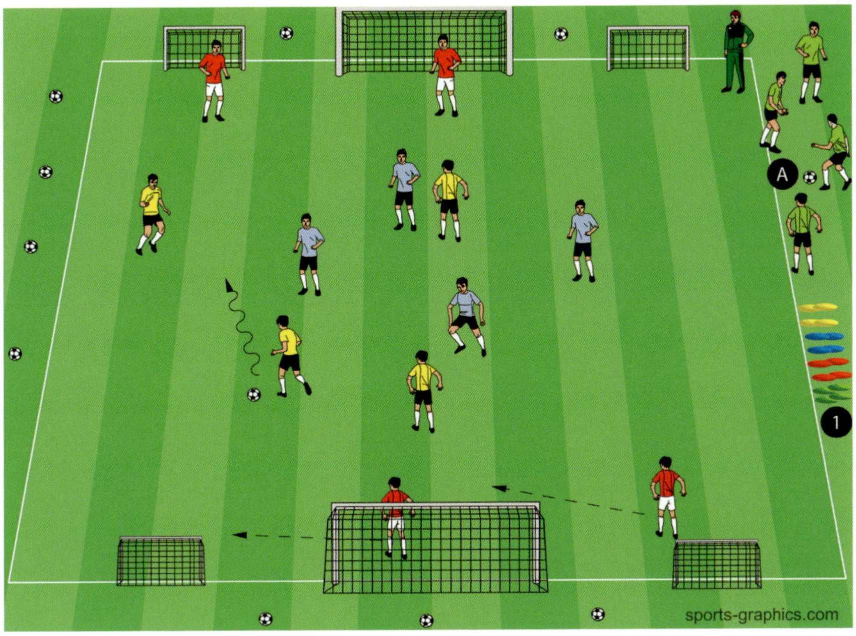

Aufbau/Organisation: 16 Spieler, 4 Teams, 2 Tore, 4 Minitore, Leibchen, Bälle.

Spielziel: Zwei Teams (Gelb vs. Blau) spielen auf jeweils ein Tor und zwei Minitore gegeneinander. Die roten Spieler agieren als Torhüter und verteidigen alle drei Tore auf ihrer Grundlinie. Die Torhüter können sich dabei vom Tor zu den Minitoren frei bewegen. Das grüne Team, das sich außerhalb des Spielfeldes befindet, bestimmt die Spielzeit des laufenden Spielduelles, indem die Spieler im Team 111-mal zusammen den Ball hochhalten (A). Hat das grüne Team die Aufgabe erfüllt, ist das laufende Spiel beendet und es findet ein neues Spielduell „Grün vs. Rot" statt. Das gelbe Team startet außerhalb des Spielfeldes die Challenge und das blaue Team agiert als Torhüter. Die weiteren Spielduelle werden im Turniermodus „jeder gegen jeden" gebildet.

Variation 1: Die Außenspieler führen als Challenge athletische Aufgaben (z. B. 111-mal Liegestütze im Team) aus. Dabei können die Liegestütze verteilt werden, jeder Spieler führt aber eine Mindestanzahl von 20 aus.
Variation 2: In dieser Variation folgt eine individuelle Challenge für die Außenspieler. Jeder Spieler hält z. B. 40-mal den Ball hoch und darf sich dann eines von den vier Leibchen (1) selbstständig schnappen und sich einem spielenden Team (hier Gelb oder Blau) anschließen.

Spielleitlinien:

- Wir wollen Tore schießen.
- Wir behaupten den Ball.
- Wir jagen Ball und Gegner.

Spiel 48: Vier Teams – Chaos

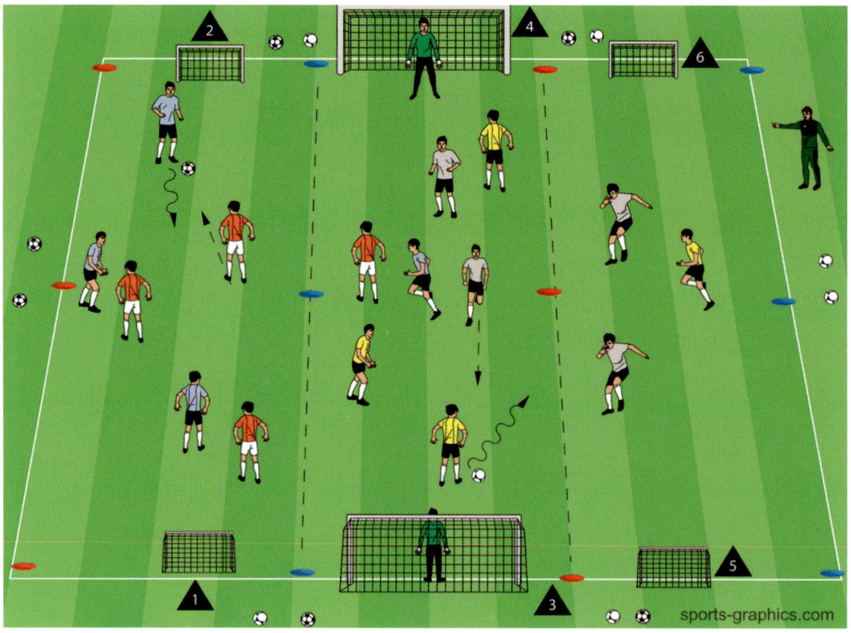

Aufbau/Organisation: 14-18 Spieler, 4 Teams, 2 Tore, 4 Minitore, Floor-Marker, Leibchen, Bälle.

Spielziel: Es finden zwei Spielduelle (Blau vs. Orange; Gelb vs. Grau) gleichzeitig statt. Das Spielfeld ist dabei in drei Längszonen unterteilt, die mittlere Zone kann von allen Teams bespielt werden. Das Spielduell Orange vs. Blau findet in dem rot markiertem Spielfeld statt. Das orangefarbene Team spielt auf die Tore 2 + 4 und verteidigt die Tore 1 und 3. Das blaue Team spielt dementsprechend auf die Tore 1 + 3 und verteidigt die Tore 2 + 4. Das Spielduell Gelb vs. Grau findet im blau markierten Feld statt. Das gelbe Team spielt auf die Tore 4 + 6 und verteidigt die Tore 3 und 5. Das graue Team spielt dementsprechend auf die Tore 3 + 5 und verteidigt 4 + 6. Alle weiteren Spielduelle werden im Turniermodus „jeder gegen jeden" ausgetragen. Ein Spielduell dauert maximal fünf Minuten. Welches Team gewinnt das Turnier?

Variation 1: Alle drei Längszonen und alle drei Tore in Spielrichtung sind bespielbar.
Variation 2: Alle sechs Tore sind von allen vier Teams bespielbar.

Spielleitlinien:
- Wir scannen das Spielfeld.
- Wir jagen Ball und Gegner.
- Wir passen raumgreifend in tiefe Zielräume!

Spiel 49: Zwei Spielfelder – ein Ergebnis

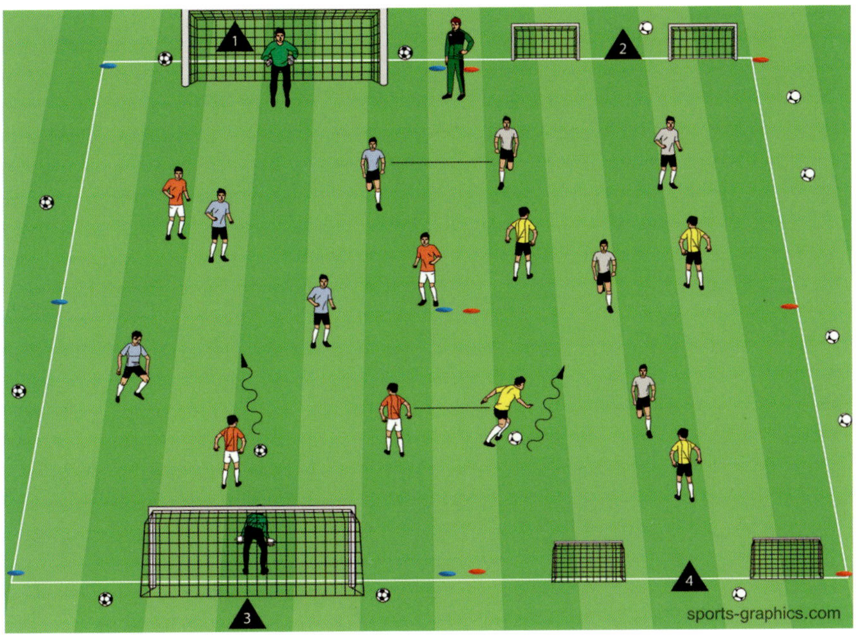

Aufbau/Organisation: 14-18 Spieler, 4 Teams, 2 Spielfelder, 2 Tore, 4 Minitore, Leibchen, Floor-Marker, Bälle.

Spielziel: Zwei Teams (Orange vs. Blau) spielen auf die Tore, zwei Teams (Gelb vs. Grau) spielen auf jeweils zwei Minitore. Es gibt eine klare Spielrichtung. Die geschossenen Tore werden nach Spielende vom gelben und orangefarbenen Team sowie vom blauen und grauen Team addiert. Gewinnt z. B. das gelbe Team sein Duell mit 3:1 und das blaue Team gewinnt sein Duell mit 2:0, ist das Endergebnis 3:3. Die weiteren Spielduelle werden im Turniermodus „jeder gegen jeden" ausgetragen und es werden fortlaufend neue Teams, die ihre Tore addieren, gebildet. Ein Spielduell dauert maximal fünf Minuten. Welches Team gewinnt das Turnier?

Variation 1 (Chaos): Die Spielrichtung ist in dieser Variation diagonal. Wenn z. B. Orange vs. Grau spielt, verteidigt das orangefarbene Team Tor 3 und spielt auf die Minitore 2. Parallel findet das Duell Blau vs. Gelb statt. Das gelbe Team verteidigt hierbei seine Minitore (siehe 4) und spielt auf Tor 1.

Spielleitlinien:

- Wir wollen Tore schießen.
- Wir wollen immer den Ball.
- Wir jagen Ball und Gegner.

Spiel 50: Wechselnde Teams

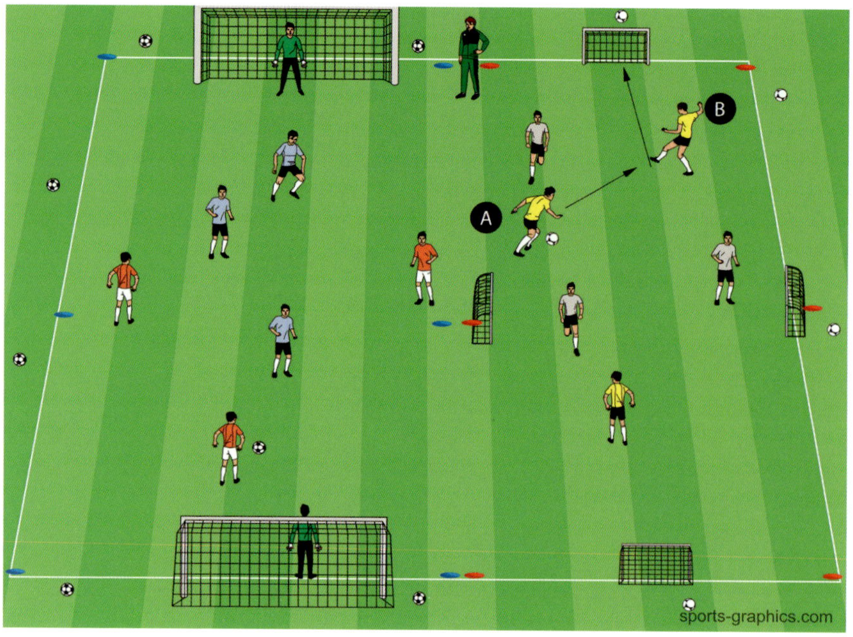

Aufbau/Organisation: 12-14 Spieler, 4 Teams, 2 Spielfelder, 2 Tore, 4 Minitore, Leibchen, Floor-Marker, Bälle.

Spielziel: In dieser Turnierform finden zwei Spielduelle parallel statt. Zwei Teams (Orange vs. Blau) spielen auf die Tore mit einer klaren Spielrichtung. Die beiden weiteren Teams (Gelb vs. Grau) spielen auf alle vier Minitore. Der Trainer bereitet eine Tabelle vor, in der in der linken Spalte alle aktiven Spieler aufgelistet sind und daneben die Teamzugehörigkeit für die erste Spielrunde. Der Trainer weist den neuen Spielduellen immer das Spielfeld zu. Die Teamzugehörigkeit wechselt nach jeder Spielrunde. Die Punkte werden nach jeder Spielrunde eingetragen und am Ende des Turniers zusammengezählt. Jeder Spieler sammelt für sich Punkte. Für einen Sieg bekommen die Spieler drei Punkte, für ein Unentschieden zwei Punkte und für eine Niederlage einen Punkt. Ein Spielduell dauert maximal fünf Minuten. Welcher Spieler gewinnt das Turnier?

Hier eine Beispieltabelle:

Name	Team Spiel 1	Punkte	Team Spiel 2	Punkte	Team Spiel 3	Punkte	Gesamt
Spieler 1	1		1		1		
Spieler 2	2		1		2		
Spieler 3	3		1		3		
Spieler 4	4		2		4		
Spieler 5	1		2		4		
Spieler 6	2		2		3		
Spieler 7	3		3		1		
Spieler 8	4		3		2		
Spieler 9	1		3		3		
Spieler 10	2		4		4		
Spieler 11	3		4		2		
Spieler 12	4		4		1		

Variation 1: Der Assistgeber (A) und der Torschütze (B) bekommen Bonuspunkte. Wenn ein Spieler ein Tor erzielt, bekommt er pro geschossenes Tor einen Bonuspunkt.

Der Spieler, der das Tor vorbereitet hat, bekommt pro Assist ebenso einen Bonuspunkt, der am Ende auf die Spielpunkte individuell angerechnet wird.

Für einen Sieg bekommt Spieler A z. B. drei Punkte und einen Bonuspunkt, da er ein Tor für Spieler B vorgelegt hat. Spieler B bekommt für sein geschossenes Tor auch einen Bonuspunkt zu den drei Siegespunkten angerechnet.

Spielleitlinien:

- Wir wollen immer den Ball.
- Wir behaupten den Ball.
- Wir finden den Torabschluss.

Spiel 51: Vier-Flügel-Minitore-Chaos

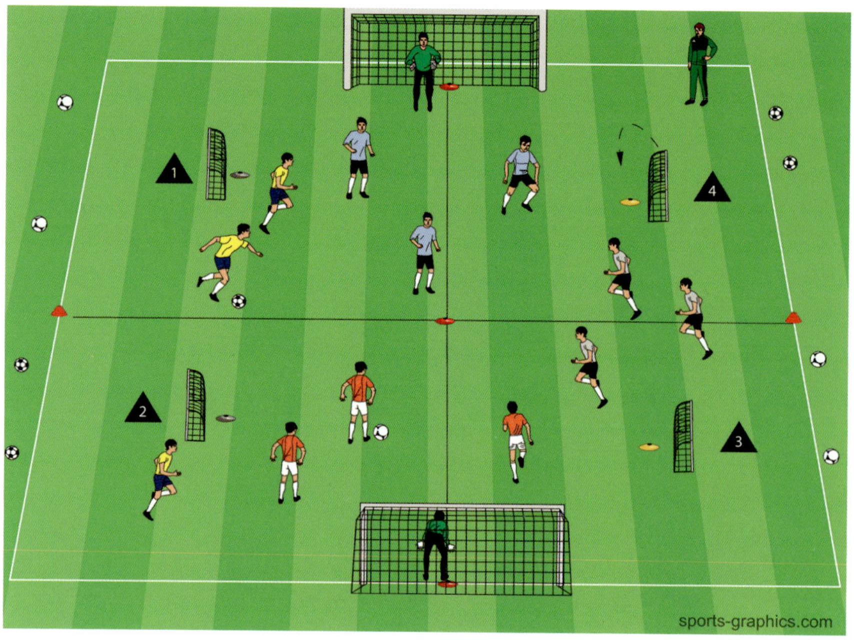

Aufbau/Organisation: 14-18 Spieler, 4 Teams, 2 Tore, 4 Minitore, Floor-Marker, Leibchen, Bälle.

Spielziel: Das orangefarbene Team und das blaue Team spielen in dieser Turnierform auf die Tore mit einer festen Spielrichtung. Das gelbe und das graue Team spielt auf jeweils zwei Minitore (Gelb auf Tor 3 und 4; Grau auf Tor 1 und 2). Wird im „Minitorduell" ein Zwei-Tore-Vorsprung erspielt, darf die erfolgreiche Mannschaft ein gegnerisches Tor in dem Spielviertel, wo das Tor sich befindet, umstellen (siehe Tor 4). Geht z. B. das gelbe Team mit 3:1 in Führung, kann ein gelber Spieler das Tor umdrehen, kippen oder verschieben. Bei einem Ausgleichstreffer (z. B. 3:3) kann das graue Team das zuvor von Gelb umgestellte Tor in die Ausgangsposition zurückstellen oder auch ein gegnerisches Tor umstellen, drehen oder kippen. Wird im Duell „Orange vs. Grau" ein Zwei-Tore-Vorsprung erspielt, kann das Team ein Minitor in der gegnerischen Spielhälfte bestimmen, auf das sie ab sofort auch treffen können. Wenn das orangefarbene Team z. B. 5:3 führt, kann das Team das Minitor 1 oder 4 als Bonustor wählen. Die weiteren Spiele werden im Turniermodus „jeder gegen jeden" gespielt. Ein Spielduell dauert maximal fünf Minuten. Welches Team gewinnt das Turnier?

Variation 1 (schneller Checker): Die Regel gilt für das Spielduell auf die Tore (hier Orange vs. Blau). In dem Spielviertel, wo sich der zweite Spielball aus dem zweiten Spielduell Gelb vs. Grau befindet, ist das Minitor für das Großtorduell Orange vs. Blau auch geöffnet. Das bedeutet, in der oben beschriebenen Spielszene, dass das ballbesitzende Team in Orange bzw. in Blau auch auf das Minitor 1 abschließen könnte, da sich der zweite Spielball im ersten Viertel links oben befindet.

Spielleitlinien:

- Wir scannen das Spielfeld.
- Wir coachen uns gegenseitig.
- Wir jagen Ball und Gegner.

Spiel 52: Der Joker

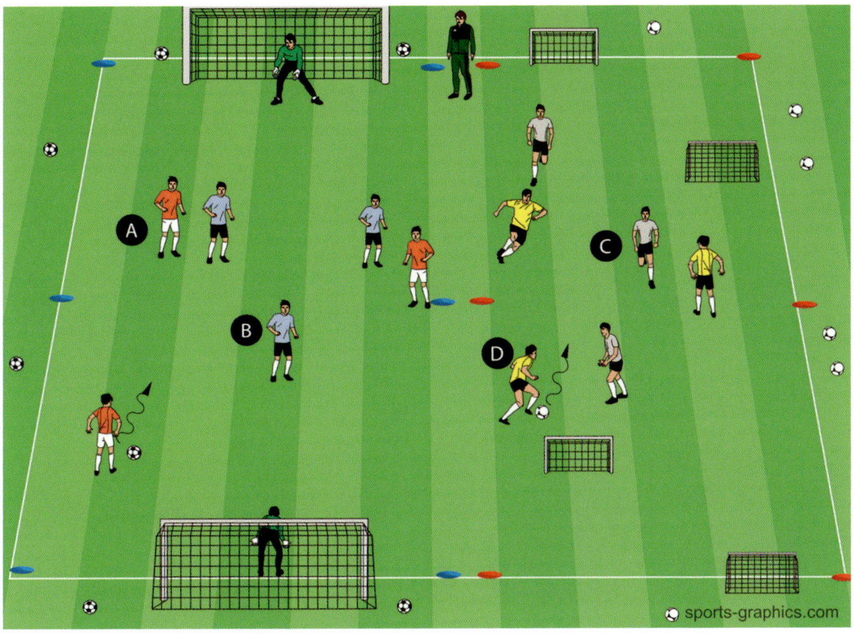

Aufbau/Organisation: 12-18 Spieler, 4 Teams, 2 Spielfelder, 2 Tore, 4 Minitore, Leibchen, Floor-Marker, Bälle.

Spielziel: In dieser Turnierform finden zwei Spielduelle parallel statt. Zwei Teams (Orange vs. Blau) spielen auf die Tore mit einer klaren Spielrichtung. Die beiden weiteren Teams (Gelb vs. Grau) spielen auf alle vier Minitore. Jedes Team bestimmt vor dem Duell einen Joker, dessen Tore doppelt gewertet werden. Die weiteren Spielduelle werden im Turniermodus „jeder gegen jeden" gespielt. Nach jedem Spiel wird ein neuer Joker im Team bestimmt. Ein Spielduell dauert maximal fünf Minuten.

Variation 1: Der Jokerspieler wechselt das Team nach der Spielrunde und agiert in einem anderen Team. Das bedeutet, dass der orangefarbene Joker (A) zum gelben Team wechselt, der gelbe Joker (D) spielt dann für das orangefarbene Team. Der blaue Joker (B) wechselt zum grauen Team und der graue Joker (C) spielt in der neuen Spielrunde für das blaue Team. Es wird zudem ein neuer Joker vor der nächsten Spielrunde bestimmt.
Variation 2: Der Trainer ernennt zunächst einen Joker, der auch während des Spiels variieren und fortlaufend, auf Traineransage, wechseln kann.

Spielleitlinien:

- Wir coachen uns gegenseitig.
- Wir nehmen die beste Spielposition ein.
- Wir schießen Tore.

Spiel 53: „Schnick – Schnack – Schnuck"

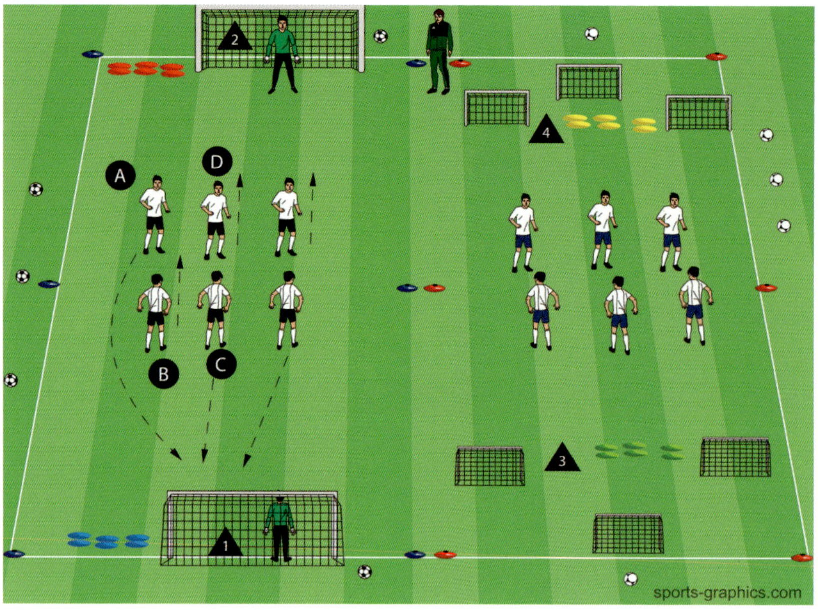

Aufbau/Organisation: 14-18 Spieler, 2 Spielfelder, 2 Tore, 6 Minitore, 4 Teams, Leibchen, Floor-Marker, Bälle.

Spielziel: Vor jeder Spielrunde treffen sich die Spieler aus Feld 1 (Tore) und Feld 2 (Minitore) an ihrer Mittellinie und spielen 1-gegen-1-Duelle im Schnick – Schnack – Schnuck, bis ein Spieler zuerst drei Punkte erreicht hat. So werden die Teams für die Spielduelle gebildet. Gewinnt Spieler A sein Schnick-Schnack-Schnuck-Duell, spielt er in Team 1 und schnappt sich ein blaues Leibchen, das neben dem Tor 1 deponiert ist. Spieler B spielt dann für Team 2 und schnappt sich ein rotes Leibchen, das neben dem Tor 2 liegt.

Übersicht der Teambildung:
Team 1: Gewinner im Schnick-Schnack-Schnuck-Duell Feld 1 (blaue Leibchen)
Team 2: Verlierer im Schnick-Schnack-Schnuck-Duell Feld 1 (rote Leibchen)
Team 3: Gewinner im Schnick-Schnack-Schnuck-Duell Feld 2 (grüne Leibchen)
Team 4: Verlierer im Schnick-Schnack-Schnuck-Duell Feld 2 (gelbe Leibchen)

Nach jeder Runde wird ein neuer Schnick-Schnack-Schnuck-Gegner gesucht und neue Teams werden gebildet. Ein Spielduell dauert maximal fünf Minuten.

Variation 1: Die Teams werden weiterhin durchmischt und durch Schnick-Schnack-Schnuck-Duelle gebildet. Im Spielduell wird nun die Regel der 1:0-Führung angewendet. Wird ein Tor erzielt, bekommt das Team immer eine 1:0-Führung zugesprochen. Erzielt das gegnerische Team ein Tor, gibt Team 1 die Führung an Team 2 ab. Einen Ausgleichstreffer gibt es nicht.

Spielleitlinien:
- Wir schießen Tore.
- Wir jagen den Ball und Gegner.
- Wir rauben dem Gegner Spieloptionen.

Spiel 54: Wechselnde Spielfelder I

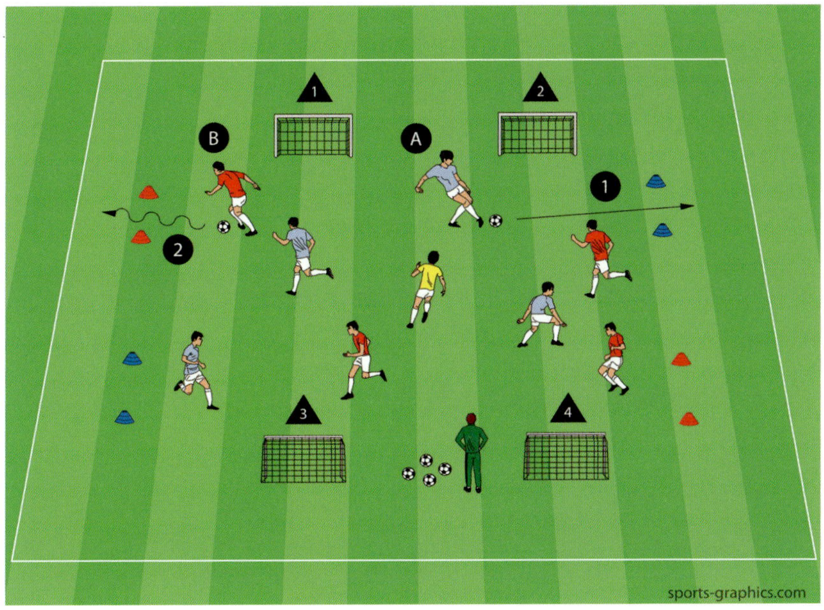

Aufbau/Organisation: 9-12 Spieler, 4 Minitore, Hütchen, Bälle, Leibchen.

Spielziel: In dieser Spielform agieren zwei Teams gegeneinander. Der neutrale Spieler (hier in Gelb) gehört immer dem ballbesitzenden Team an. Das ballbesitzende Team spielt sich den Ball untereinander zu und versucht, das Spielziel zu erreichen. Das verteidigende Team will den Ball erobern. Gespielt wird zuerst auf die vier Hütchentore. Das ballbesitzende Team kann einen Punkt erzielen, indem der Ball durch das blaue Hütchentor gepasst wird (siehe Spieler A und 1). Zudem kann das rote Hütchentor durchdribbelt werden, um einen Punkt zu erspielen. Wird ein Punkt durch ein Dribbeltor erzielt, bleibt das Team in Ballbesitz und die Spielrichtung wechselt. Wird ein Tor per Pass erzielt, erhält das erfolgreiche Team einen neuen Ball vom Trainer. Die Spielrichtung bleibt jedoch gleich. Welches Team erspielt die meisten Punkte?

Variation 1: Wird ein Punkt durch das Dribbeltor (rotes Hütchentor) erzielt, so wird weiterhin die Spielrichtung gewechselt. Wird auf den blauen Hütchentoren ein Passtor erzielt, so wird im Anschluss auf die vier Minitore gespielt. Das erfolgreiche Team bekommt einen neuen Ball vom Trainer und darf jetzt auf alle vier Minitore treffen. Erzielt beispielsweise Team Blau einen Treffer auf Tor 1, dann muss das Team danach auf Tor 3 oder 4 treffen. Folglich ist die Spielrichtung nach dem ersten Treffer festgelegt.

Variation 2: Es gelten die Regeln der Variante 1. Nun wird zusätzlich das Trainerkommando „Switch" eingeführt. Läuft das Spiel auf die vier Minitore, so kann der Trainer jederzeit „Switch" rufen. Die Spieler wechseln die Spielrichtung und spielen wieder auf die vier Hütchentore.

Spielleitlinien:

- Wir reißen das Spiel an uns und sind ballhungrig.
- Wir sind immer aktiv und anspielbar.
- Wir behaupten den Ball.

Spiel 55: Wechselnde Spielfelder II

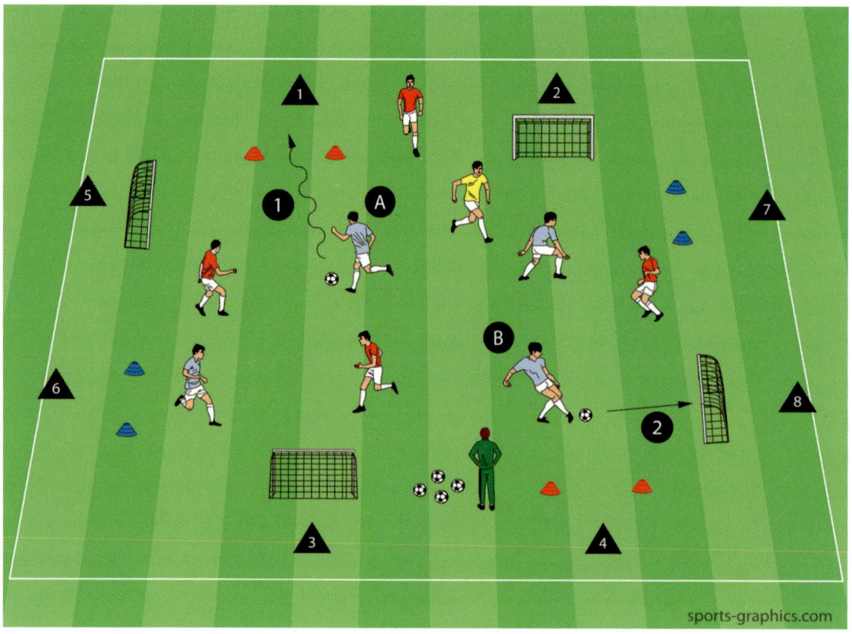

Aufbau/Organisation: 9-12 Spieler, 4 Minitore, Hütchen, Bälle, Leibchen.

Spielziel: In dieser Spielform agieren zwei Teams gegeneinander. Der neutrale Spieler (hier in Gelb) gehört immer dem ballbesitzenden Team an. Das ballbesitzende Team spielt sich den Ball untereinander zu und versucht, das Spielziel zu erreichen. Das verteidigende Team will den Ball erobern. Gespielt wird zuerst auf die Tore 1, 2, 3 und 4 (zwei Hütchentore und zwei Minitore – Team Blau spielt auf die Tore 1 und 2, Team Rot kann auf den Toren 3 und 4 punkten). Das ballbesitzende Team kann einen Punkt erzielen, indem durch das rote Hütchentor gepasst oder gedribbelt wird (siehe Spieler A und 1). Auf das Minitor kann nur geschossen werden. Erzielt das ballbesitzende Team einen Punkt, indem das Hütchentor durchdribbelt wird, so bleibt das Team in Ballbesitz und die Spielrichtung wechselt. Team Blau würde nun auf die Tore 3 und 4 spielen und Team Rot auf die Tore 1 und 2. Wird ein Tor per Pass erzielt, erhält das erfolgreiche Team einen neuen Ball vom Trainer. Die Spielrichtung bleibt jedoch gleich. Welches Team erspielt die meisten Punkte?

Variation 1: Wird ein Punkt per Dribbling durch das rote Hütchentor erzielt, so wird weiterhin die Spielrichtung gewechselt. Hat ein Team drei Punkte erspielt, so erfolgt ein Spielfeldwechsel. Das Spiel läuft dann auf die Tore 5, 6, 7 und 8.

Beispiel: Spieler A erzielt den dritten Punkt für das blaue Team, indem er auf Tor 2 abschließt. Nun erhält das blaue Team einen neuen Ball vom Trainer und die Spieler agieren auf die Tore 5, 6, 7 und 8. Team Blau darf zu Beginn auf alle vier Minitore angreifen, nach dem ersten Treffer ist die Spielrichtung dann festgelegt. Erzielt Team Blau beispielsweise einen Punkt auf Tor 5, dann bleibt die Spielrichtung gleich und das blaue Team greift erneut auf die Tore 5 und 6 an. Durchdribbelt das blaue Team Tor 6, dann wechselt die Spielrichtung und Team Blau greift anschließend auf die Tore 7 und 8 an.

Hat ein Team drei Punkte erzielt, so wird das Spielfeld wieder zurück gewechselt. Somit läuft das Spiel dann wieder auf die Tore 1, 2, 3 und 4. Wie beschrieben, sind am Anfang alle vier Tore frei. Nach dem ersten Treffer ist die Spielrichtung dann festgelegt. Werden auf diesem Spielfeld wieder drei Punkte erzielt, so wechseln die Spieler erneut das Spielfeld und agieren dann wieder auf die Tore 5, 6, 7 und 8. Es entsteht folglich ein ständiger Wechsel der Spielfelder.

Variation 2 (für Experten): Die Regeln aus Variation 1 gelten weiterhin. Es wird jedoch ein weiteres Feld eingeführt, auf dem diagonal gespielt wird.

Beispiel: Das blaue Team erzielt seinen dritten Punkt auf Tor 2. Daraufhin erhält das blaue Team einen neuen Ball vom Trainer und die Teams agieren auf die Tore 5, 6, 7 und 8. Team Blau kann erfolgreich auf Tor 7 abschließen. Damit ist die Spielrichtung festgelegt und Team Blau greift auf die Tore 7 und 8 an. Mit dem neu eingespielten Ball kann das blaue Team auf Tor 8 noch zwei weitere Tore erzielen (siehe B und 2). Es wurden nun drei Punkte erzielt. Daher wechselt nun erneut das Spielfeld. Jetzt wird diagonal auf die Tore 8, 4, 1 und 5 gespielt. (Es wird genau auf diese Tore gespielt, da Team Blau seinen letzten Treffer auf Tor 8 erzielt hat. Hätte Team Blau seinen zweiten Punkt auf Tor 7 erspielt, dann würde diagonal auf die Tore 2, 7, 6 und 3 gespielt werden.) Zu Beginn darf das blaue Team wieder auf alle vier Tore angreifen, nach dem ersten Treffer ist die Spielrichtung dann festgelegt. Erzielt beispielsweise Team Blau einen Punkt auf Tor 5, dann bleibt die Spielrichtung gleich und das blaue Team greift auf die Tore 5 und 1 an. Durchdribbelt das blaue Team Tor 1, dann wechselt die Spielrichtung und Team Blau greift auf die Tore 8 und 4 an.

Erzielt ein Team drei Punkte, so wird das Spielfeld wieder zurückgewechselt. Somit läuft das Spiel dann wieder auf die Tore 1, 2, 3 und 4. Wie beschrieben, sind am Anfang alle vier Tore frei. Nach dem ersten Treffer ist die Spielrichtung dann festgelegt. Werden auf diesem Spielfeld drei Punkte erzielt, so wechseln die Spieler erneut das Spielfeld und agieren dann wieder auf die Tore 5, 6, 7 und 8. Erzielt ein Team auf diesem Spielfeld erneut drei Punkte, so agieren die Spieler wieder diagonal auf die Tore 8, 4, 1 und 5 oder auf die Tore 6, 3, 7 und 2. Es entsteht folglich ein ständiger Wechsel der Spielfelder.

Spielleitlinien:

- Wir reißen das Spiel an uns und sind ballhungrig.
- Wir sind immer aktiv und anspielbar.
- Wir scannen das Spielfeld.

Spiel 56: Chaos-Champions-League mit Trophäe

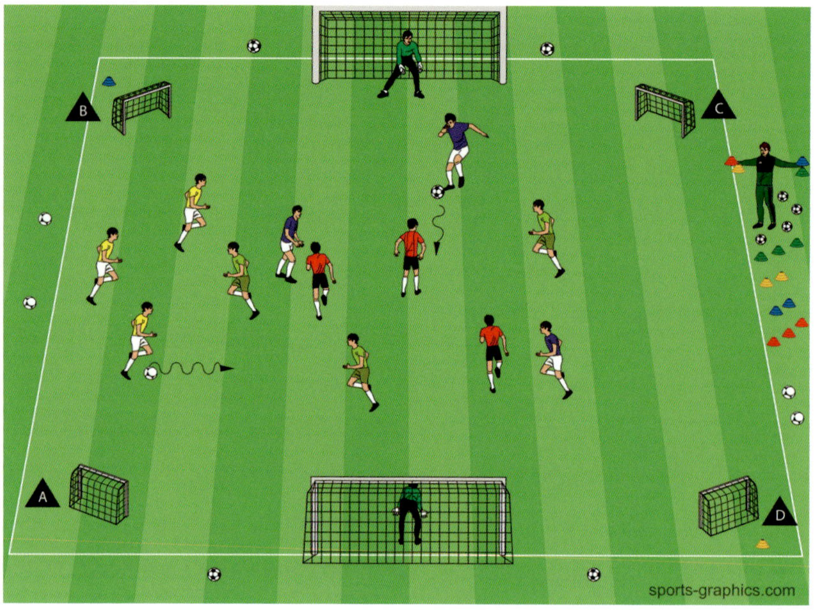

Aufbau/Organisation: 12-16 Spieler, 4 Teams, 2 Tore, 4 Minitore, Minibälle, Hütchen, Leibchen, Bälle.

Spielziel: In dieser Spielform agieren alle vier Teams gleichzeitig in einem Spielfeld. Es wird ein Spielfeld mit zwei Toren (Champions League) und ein Spielfeld mit vier Minitoren (1. Bundesliga) aufgebaut. Das rote Team spielt gegen das blaue Team in der Champions League auf jeweils ein Tor. Das gelbe Team spielt gegen Grün in der 1. Bundesliga auf jeweils zwei Minitore. Für einen Sieg in der Champions League bekommt das Siegerteam (hier in Blau) eine Trophäe vom Trainer (Hütchen) und sammelt die Trophäe nach jeder Spielrunde hinter dem zugeordneten Minitor (B). Das Gewinnerteam bleibt in der Champions League. Das rote Team wechselt in die 1. Bundesliga. Für einen Sieg in der 1. Bundesliga gibt es ebenso eine Trophäe (ein Hütchen). Wenn das gelbe Team sein Duell gewinnt, sammelt das Team seine Trophäe (siehe D) und das Team steigt als Gewinnerteam in die Champions League auf. Das grüne Team bleibt für die folgende Spielrunde in der 1. Bundesliga und spielt gegen das rote Team. Wer hat als Erstes alle Trophäen gesammelt?

Variation 1: Bei zwei Siegen in Folge in der Champions League gibt es eine Trophäe (ein Hütchen) und einen Bonus-Miniball.

Variation 2: Sind alle Hütchen von einer Mannschaft gesammelt, darf bei einem weiteren Sieg von den anderen Teams (frei wählbar) eine Trophäe gestohlen werden.

Variation 3: Es wird in zwei Spielrichtungen gespielt. Beide Teams in der Champions League können auf beide Tore abschließen. In der 1. Bundesliga sind alle vier Minitore für beide Teams geöffnet.

Spielleitlinien

- Wir scannen das Spielfeld.
- Wir wollen den Ball und nehmen dabei die beste Spielposition ein.
- Wir wollen Tore schießen.

Spiel 57: Regenbogen-Torfestival

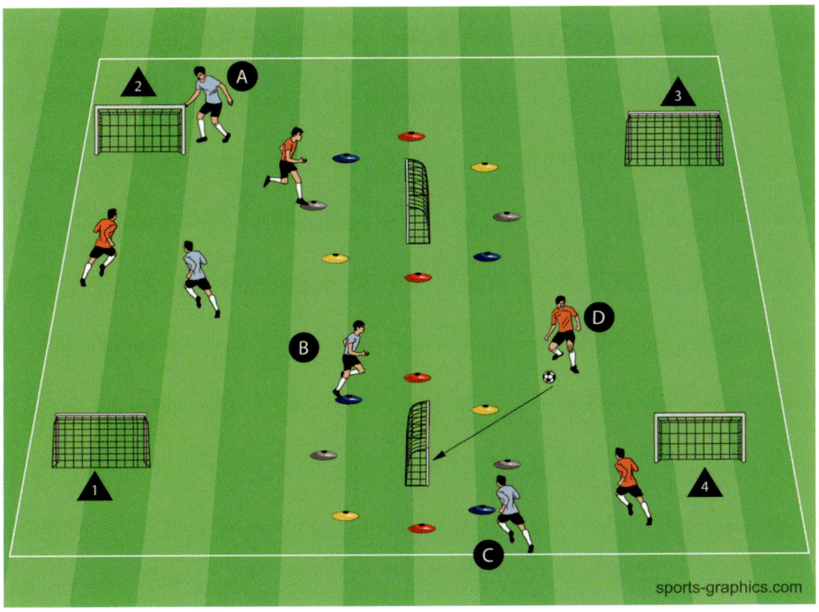

Aufbau/Organisation: 8-12 Spieler, 2 Teams, 6 Minitore, Floor-Marker, Leibchen, Bälle.

Spielziel: Die beiden Teams spielen auf die sechs Minitore gegeneinander. Tore können von der nicht ballbesitzenden Mannschaften für fünf Sekunden geschlossen worden, indem bei den Toren 1-4 ein Pfosten getickt wird (siehe Spieler A, Tor 2) oder bei den zwei zentralen Toren zwei gleiche Farben der Floor-Marker zugelaufen werden (siehe Spieler B und C). Eine kurze Berührung mit der Fußspitze ist hierbei ausreichend. Bei Ballbesitzwechsel wechselt auch die Spiel- und Laufaufgabe.

Variation 1: Die Teams spielen weiterhin auf alle sechs Minitore. Es können allerdings durch die Läufer nur noch die zwei Zentrumstore zugelaufen und geschlossen werden, die Tore 1-4 nicht mehr.
Variation 2: Die Teams spielen weiterhin auf alle sechs Minitore. Es können jetzt nur noch die Tore 1-4 zugelaufen und geschlossen werden, die beiden Zentrumstore nicht.

Spielleitlinien:

- Wir scannen das Spielfeld.
- Wir jagen Ball und Gegner mit System und Struktur.
- Wir rauben dem Gegner Spieloptionen.

Spiel 58: Schnelle Runde

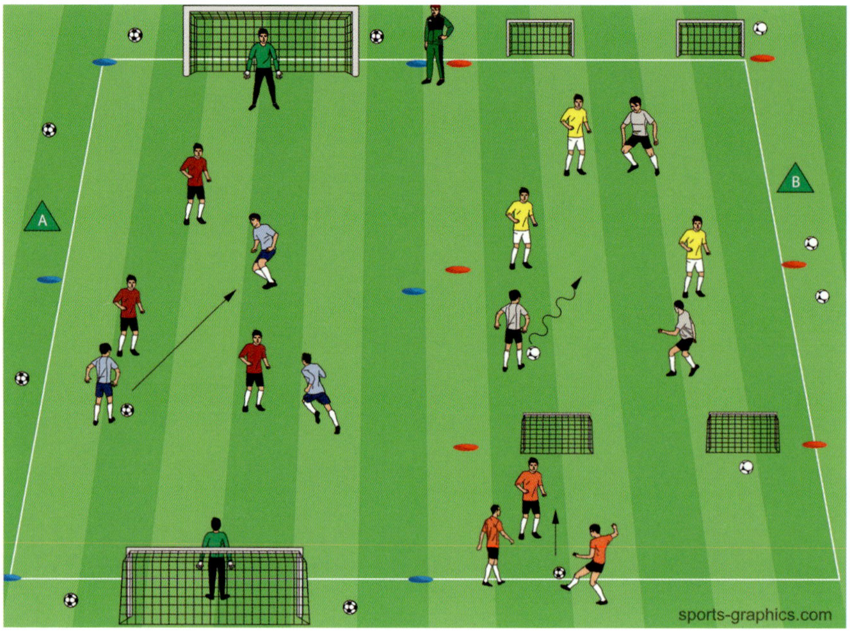

Aufbau/Organisation: 12-17 Spieler, 5 Teams, 2 Spielfelder, 4 Minitore, 2 Tore, Floor-Marker, Leibchen, Bälle, Miniball.

Spielziel: Es werden fünf Teams gebildet. In Feld A spielt das blaue gegen das rote Team. Das zweite Duell findet parallel in Feld B (Gelb vs. Grau) statt. Das orangefarbene Team wartet zwischen den Spielfeldern und hält einen Miniball hoch. Erspielt sich eine Mannschaft einen Zwei-Tore-Vorsprung, gewinnt das Team das Duell und bleibt im Feld stehen. Das wartende Team rückt nun für das Verliererteam in das Spielfeld. Wenn z. B. das blaue Team das 3:1 gegen das rote Team schießt, verlässt das rote Team Spielfeld A sofort und das wartende Team Orange rückt schnell in Spielfeld A nach. Rot wartet jetzt zwischen den Feldern und rückt in Spielfeld A oder B rein, je nachdem, welches Spielduell als Nächstes entschieden wird. Dauert ein Duell länger als vier Minuten, wird der aktuelle Spielstand genommen und die führende Mannschaft bleibt auf dem Feld.

Variation 1: Für jeden Sieg gibt es eine „Krone". Wird ein Duell in der regulären Spielzeit verloren, kann die Krone gesetzt werden und es wird die Spielzeit um eine Minute verlängert, um eventuell doch noch einen Sieg zu erspielen. Es kann pro Spielduell nur eine Krone gesetzt werden.

Spielleitlinien:

- Wir sind ballhungrig.
- Wir behaupten den Ball.
- Wir wollen Tore schießen.

Spiel 59: Minitore im Großtor

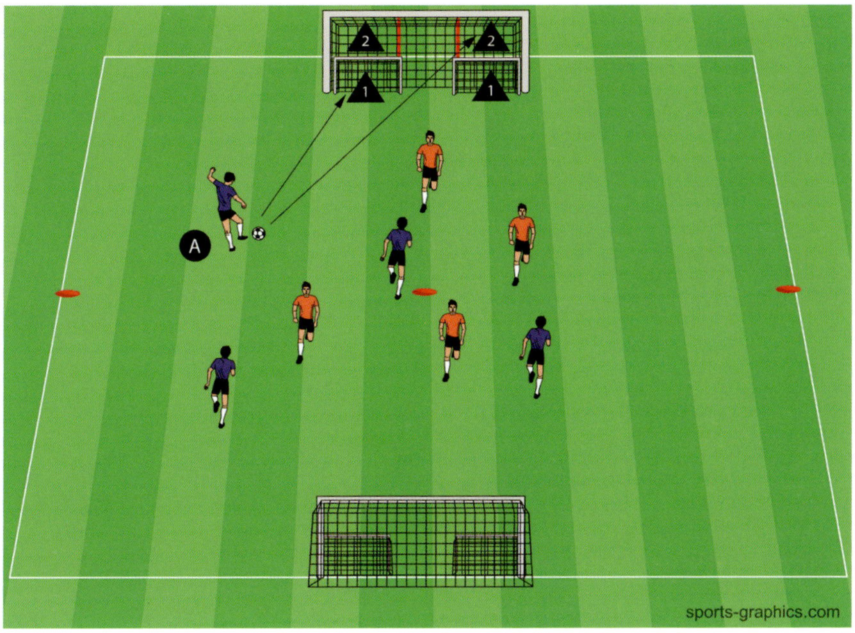

Aufbau/Organisation: 8-12 Spieler, 2 Teams, 2 Tore, 4 Minitore, Bälle, Floor-Marker, Leibchen.

Spielziel: In dieser Spielform spielen zwei Teams auf jeweils zwei Minitore (1) und auf die Zonen über den Minitoren (2) gegeneinander. Treffer in die Mitte des Tores zählen nicht. Es wird ohne festen Torwart agiert, der „letzte" Spieler darf den Ball zur Abwehr in die Hand nehmen. Es gibt zunächst eine klar definierte Spielrichtung. Pro Spielrunde hat jedes Team drei Traumtorjoker, das bedeutet, drei Fernschüsse vor der Mittelline aus der eigenen Hälfte sind frei. Sonst zählen Tore nur aus der gegnerischen Hälfte, also hinter der Mittelline.

Variation 1: Die Punktewertung wird verändert. Treffer in die Minitore zählen einen Punkt, Treffer in die Zone 2 zwei Punkte.

Variation 1.1: Die Punktewertung wird verändert. Treffer in die Minitore zählen zwei Punkte, Treffer in die Zone 2 zählen einen Punkt.

Variation 2: Nach einem Torerfolg verändert sich die Spielrichtung. Die Punktewertung bleibt bestehen.

Variation 3 (zwei Spielrichtungen): Beide Tore und alle vier Minitore sind für beide Teams offen. Wird ein Tor erzielt (siehe A 1), ist das Tor und die Minitore, auf die als Letztes getroffen wurde, für fünf Sekunden geschlossen.

Spielleitlinien:

- Wir wollen Tore schießen. Wir visieren die Ecken des Tors an.
- Wir wollen die beste Positionierung.
- Wir jagen Ball und Gegner.

Spiel 60: Zonen im Spielfeld

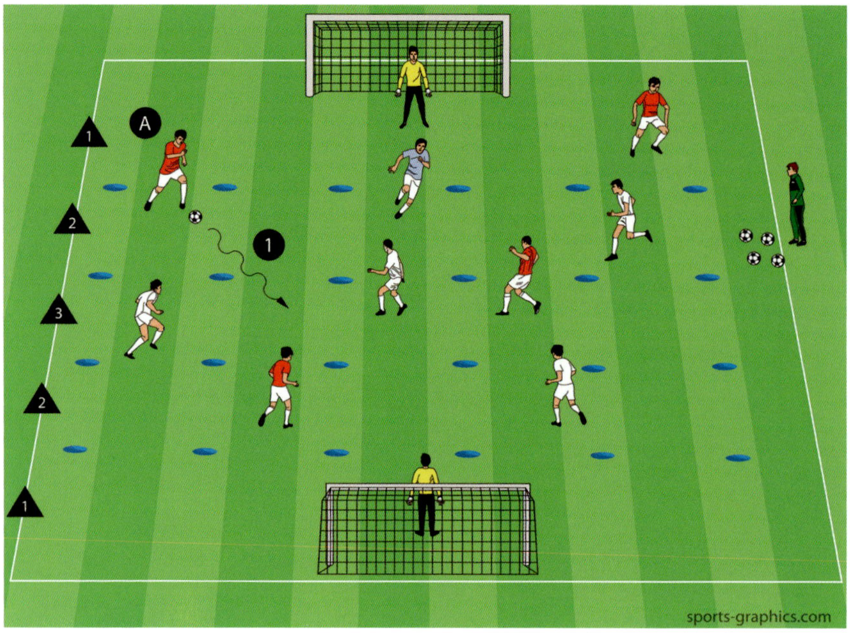

Aufbau/Organisation: 9-12 Spieler, 2 Tore, Floor-Marker, Bälle, Leibchen.

Spielziel: In dieser Spielform agieren zwei Teams gegeneinander. Der neutrale Spieler (hier in Blau) gehört immer dem ballbesitzenden Team an. Das ballbesitzende Team spielt sich den Ball untereinander zu und versucht, das Spielziel zu erreichen. Das verteidigende Team will den Ball erobern. Es wird ohne Feldbegrenzung gespielt. Bei Bedarf spielt der Trainer einen neuen Ball ein. Das angreifende Team kann einen Punkt erzielen, indem ein Treffer auf das gegnerische Tor erzielt wird. Während des Spiels gilt für alle Spieler:

- Wenn ich angespielt werde, dann muss ich sofort über eine Line dribbeln (siehe A und 1).
- Wenn ich angespielt werde, dann kann ich den Ball auch direkt weiterspielen, ohne eine Line zu überdribbeln.

Hält sich ein Spieler nicht an diese Regel, spielt der Trainer einen neuen Ball für die Gegenspieler ein. Welches Team erspielt die meisten Punkte?

Variation 1: Das Spielfeld wird mithilfe der Floor-Marker in Zonen unterteilt. Trifft ein Spieler aus der Verteidigerzone, die direkt vor dem Tor ist, so erhält das Team einen Punkt (die schwarzen Dreiecke geben die Punkte an). Trifft ein Spieler aus der neutralen Zone das Tor, so erhält das Team drei Punkte. In der Zwischenzone erhält das angreifende Team zwei Punkte für einen Treffer.
Variation 2: Die Punktewertung wird umgedreht. Je dichter das angreifende Team an das Tor des Gegners kommt, desto mehr Punkte erhält das Team für einen Treffer.

Spielleitlinien:

- Wir wollen Tore schießen!
- Wir reißen das Spiel an uns und sind ballhungrig.
- Wir sind immer aktiv und anspielbar.

Spiel 61: Chaosspielform

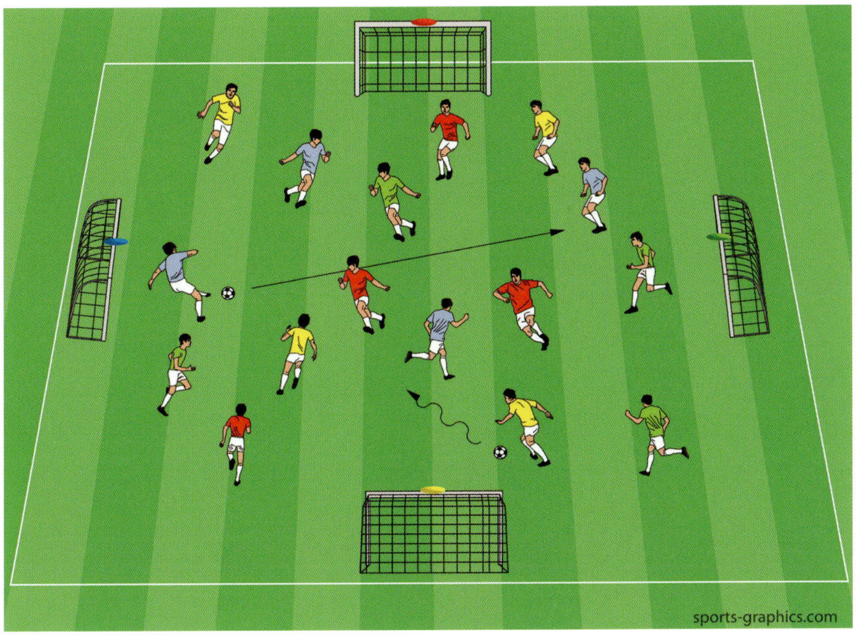

Aufbau/Organisation: 12-16 Spieler, 4 Minitore, Bälle, Leibchen. An den Minitoren sind Leibchen in den Farben Rot, Gelb, Blau und Grün befestigt.

Spielziel: In dieser Spielform agieren vier Teams gegeneinander. Zu Beginn des Spiels befinden sich zwei Bälle im Spiel. Es wird ohne Feldbegrenzung gespielt. Bei Bedarf spielt der Trainer einen neuen Ball ein, sodass sich immer zwei Bälle gleichzeitig im Spielfeld befinden. Jedes Team verteidigt sein eigenes Tor und darf auf die anderen drei Minitore abschließen (im obigen Bild darf Team Blau folglich auf die Minitore mit den Farben Rot, Gelb und Grün abschließen.) Trifft das ballbesitzende Team eines der gegnerischen Tore, so ist ein Punkt erzielt. Der Trainer zählt die Punkte der Teams immer laut mit und spielt einen neuen Ball ein. Welches Team erzielt nach fünf Spielminuten die meisten Treffer?

Variation 1: Es wird immer mit drei Bällen gleichzeitig gespielt.
Variation 2: Es wird immer mit vier Bällen gleichzeitig gespielt.

Spielleitlinien:

- Wir behaupten den Ball!
- Wir sind immer aktiv und anspielbar.
- Wir scannen das Spielfeld, denken und schauen in alle Richtungen.

Spiel 62: Zentrumsparade

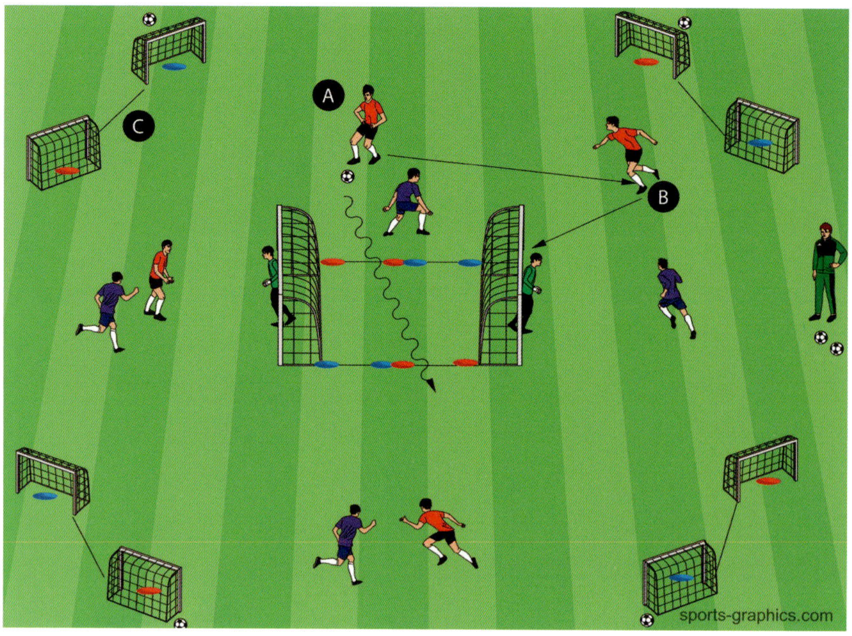

Aufbau/Organisation: 10-14 Spieler, 2 Teams, 4-8 Minitore, 2 Tore, Leibchen, Floor-Marker, Bälle.

Spielziel: In dieser Spielform agieren zwei Teams gegeneinander. Tore können hierbei auf die beiden zentralen Tore von beiden Teams geschossen werden (siehe B). Die Minitore sind mit einem Floor-Marker farblich markiert. Das rote Team kann folglich auf alle rot markierten Minitore abschließen und das blaue Team auf alle blau markierten Minitore. Eine weitere Punktmöglichkeit ist ein Dribbling zwischen die Zentrumstore (siehe Spieler A). Der Spieler dribbelt durch die beiden roten Linientore.

Variation 1: Es werden die Dribbellinien zwischen den Minitoren (siehe C) mit dazugenommen. Beide Mannschaften können also durch ein Dribbling zwischen die Minitore punkten.

Variation 2 („Wegschießen"): Die Minitore des Gegners können weggeschossen werden. Das rote Team kann also auch auf die blauen Minitore abschließen und nimmt somit das getroffene Tor aus dem Spiel. Der Torschütze kippt dafür das Tor einfach kurz um!

Spielleitlinien:

- Wir scannen das Spielfeld.
- Wir wollen Tore schießen.
- Wir rauben dem Gegner Spieloptionen.

5 Deine Trainingseinheiten

In diesem Kapitel werden mögliche Trainingseinheiten vorgestellt. Die Zahlen in den Fußbällen stehen hierbei für die durchnummerierten Spiele, die unter Beachtung der Organisation und Methodik sinnvoll kombiniert sind.

Die Aufwärmspiele haben die Nummern 1-26, die Hauptteile die Nummern 27-46 und die Turnierformen sowie Abschlussspiele 47-62. Der Athletikteil kann jederzeit sinnvoll im Saisonverlauf ergänzend genutzt werden.

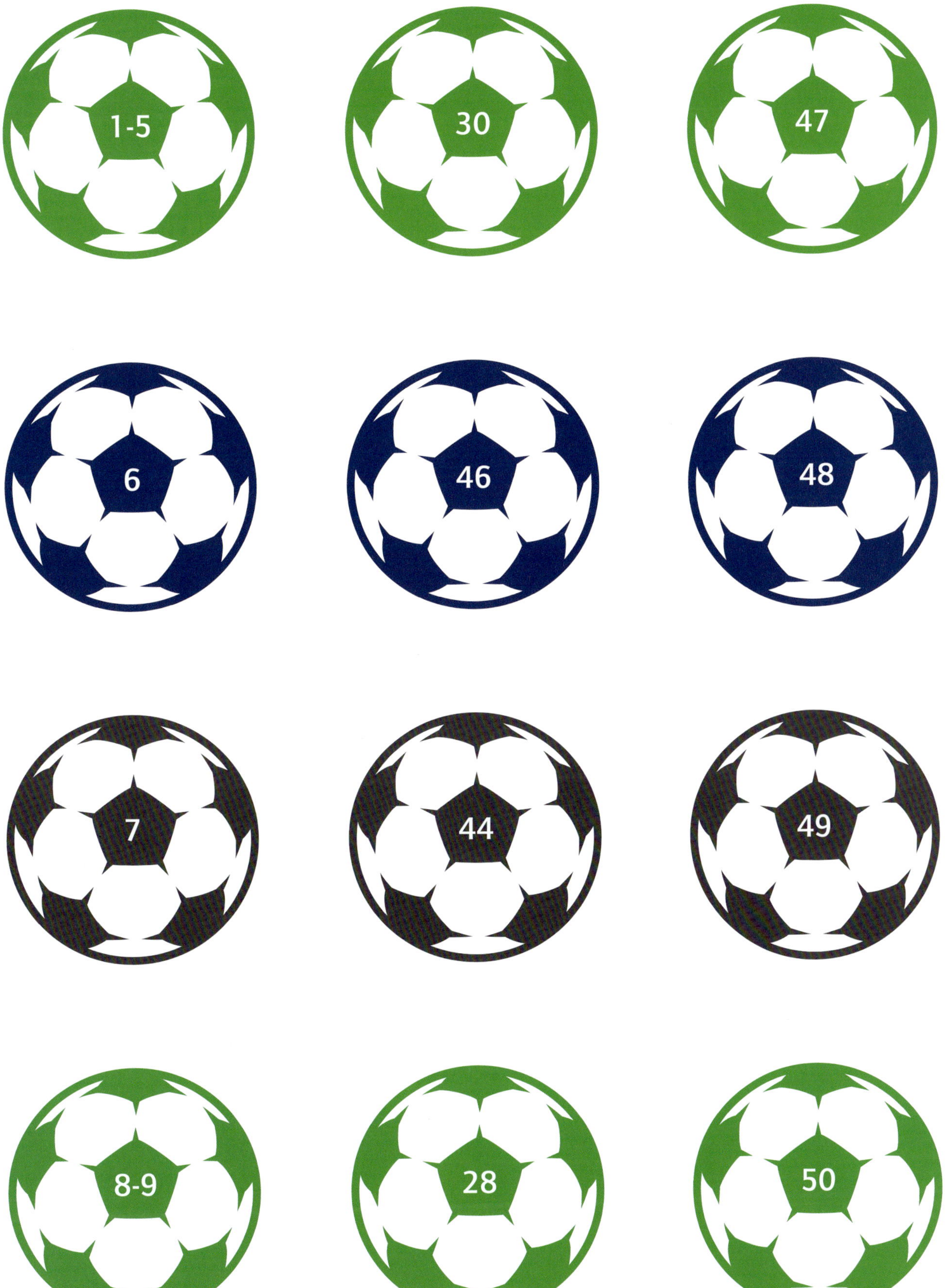
1-5
30
47
6
46
48
7
44
49
8-9
28
50

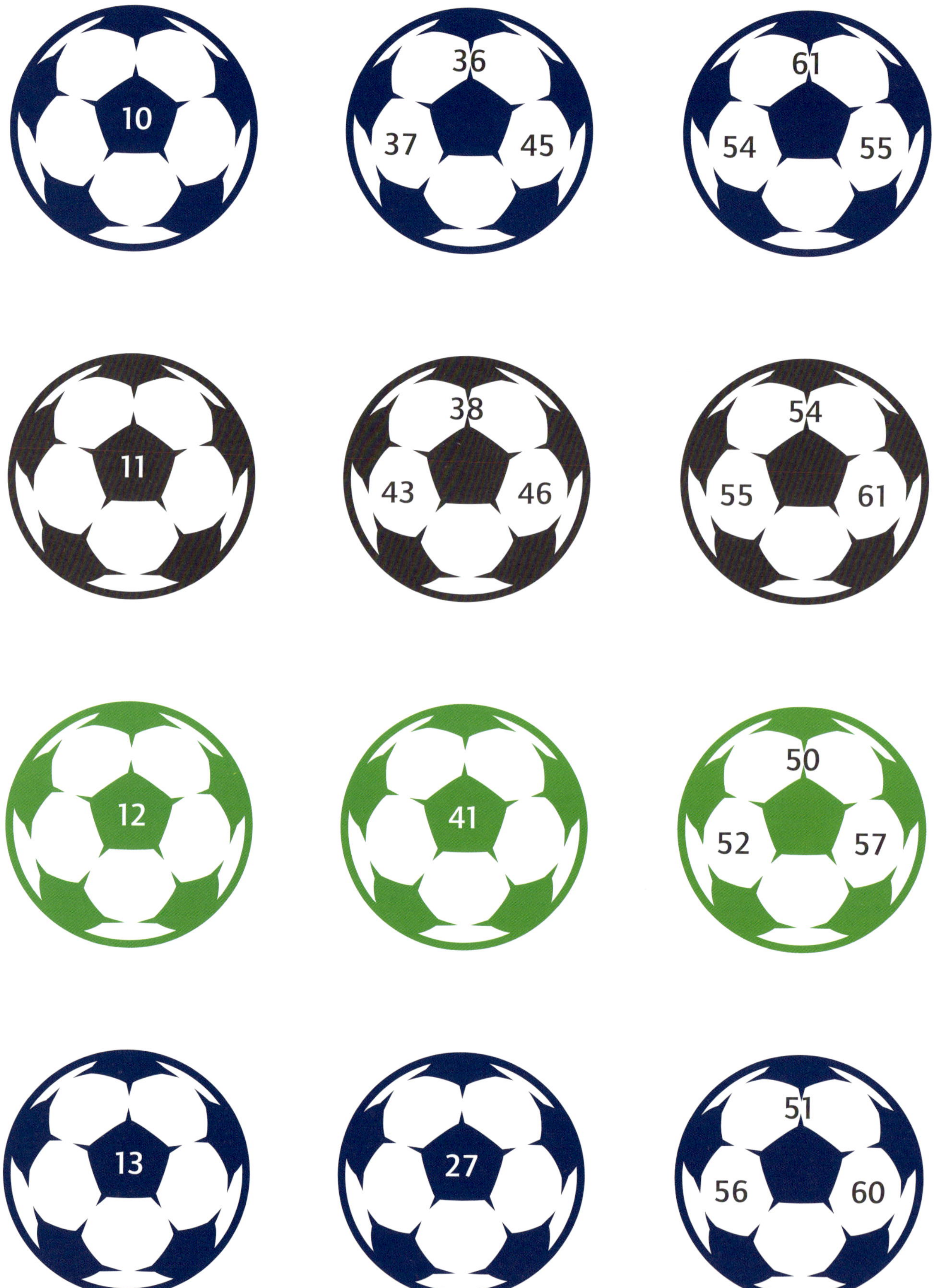
10
36
37
45
61
54
55
11
38
43
46
54
55
61
12
41
50
52
57
13
27
51
56
60

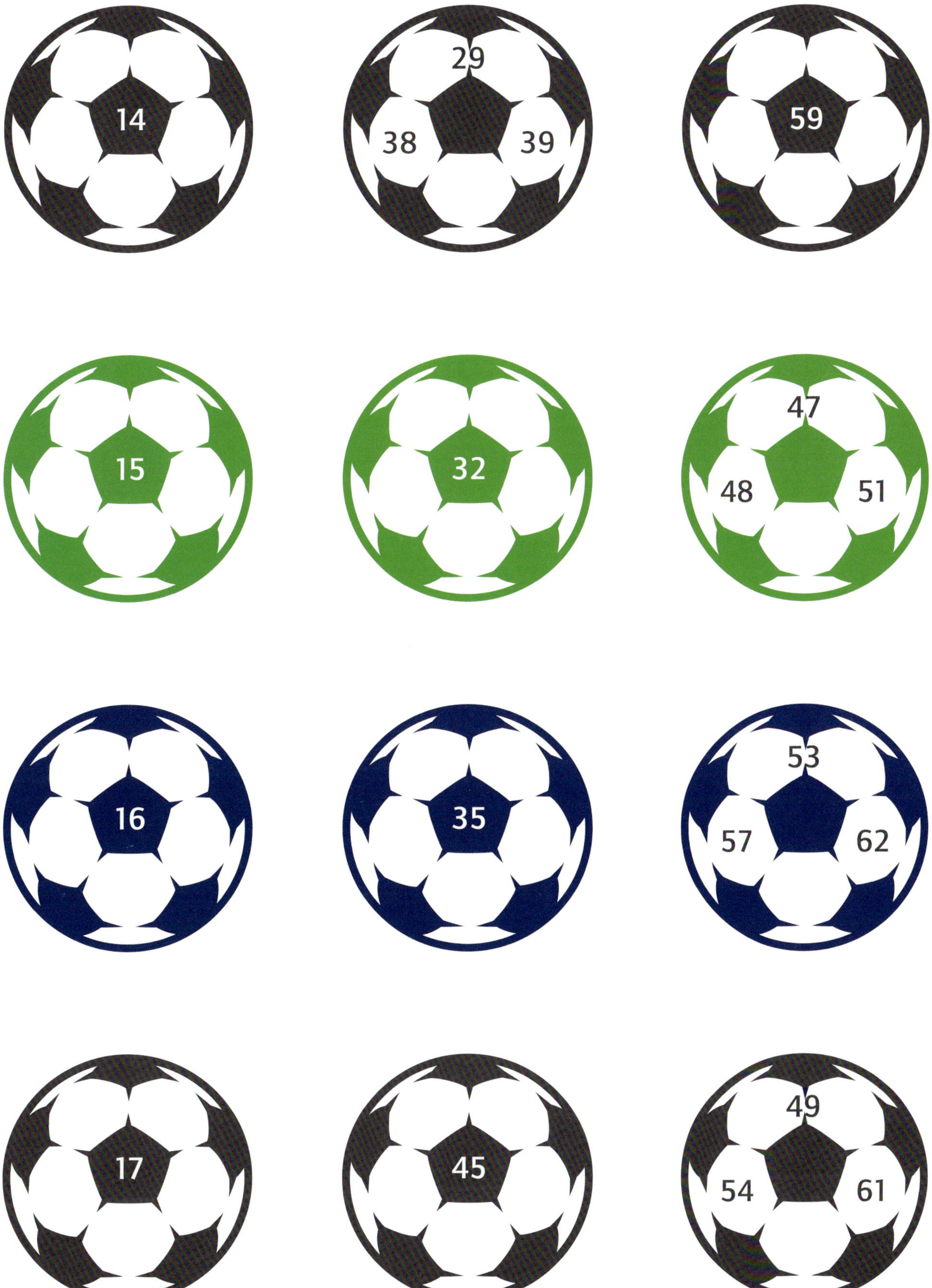
14
29
38
39
59
15
32
47
48
51
16
35
53
57
62
17
45
49
54
61

18
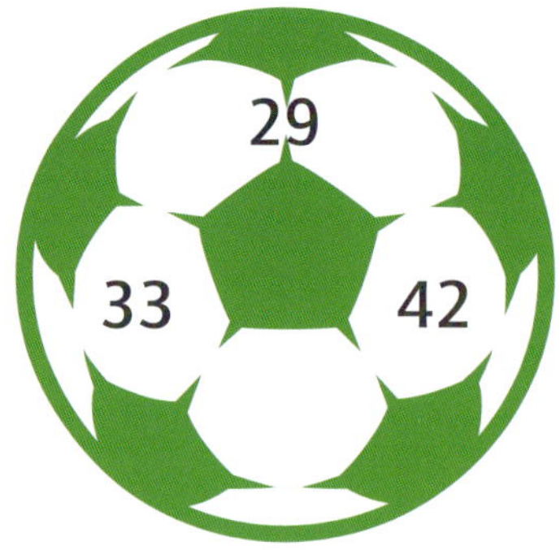
29
33
42
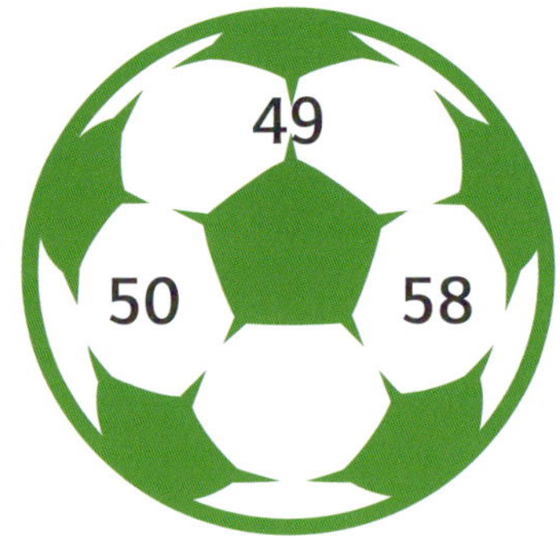
49
50
58

19
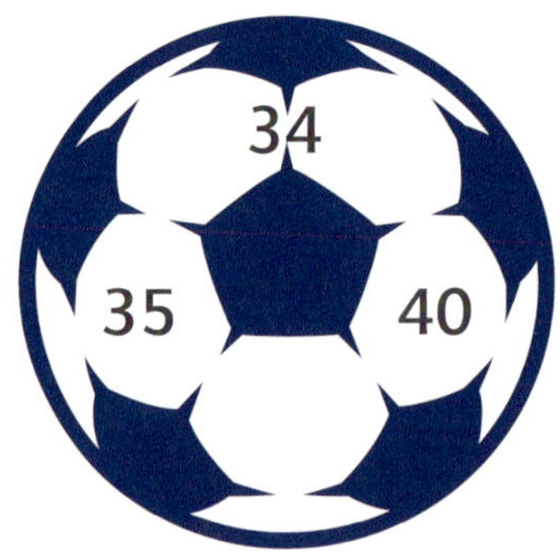
34
35
40
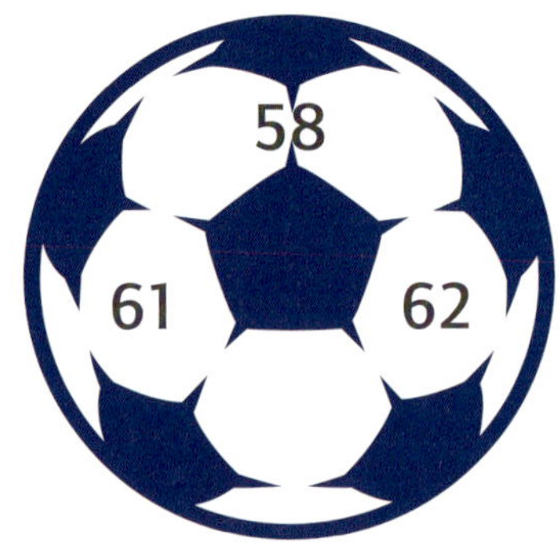
58
61
62
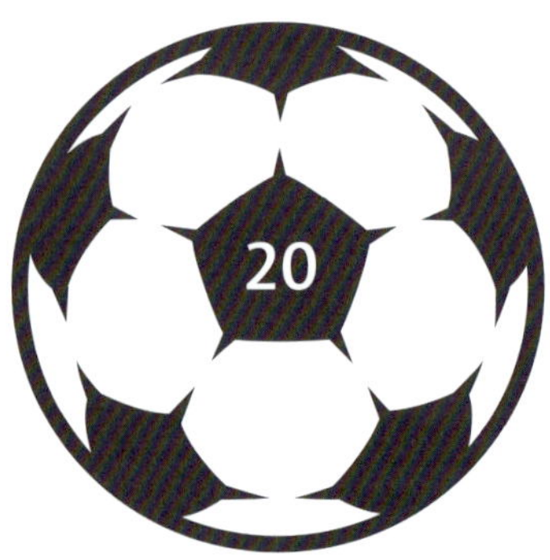
20

42

57
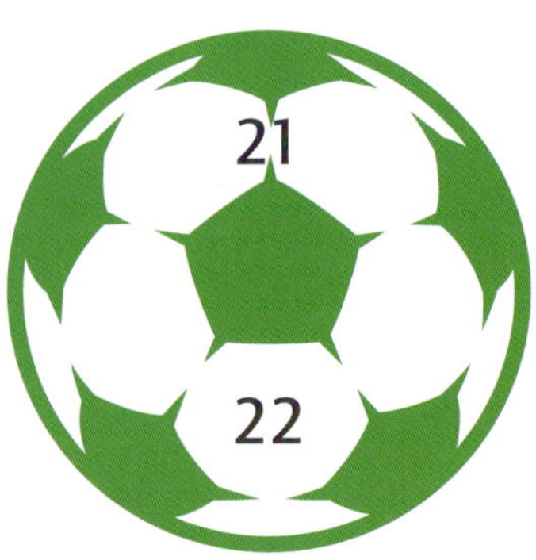
21
22
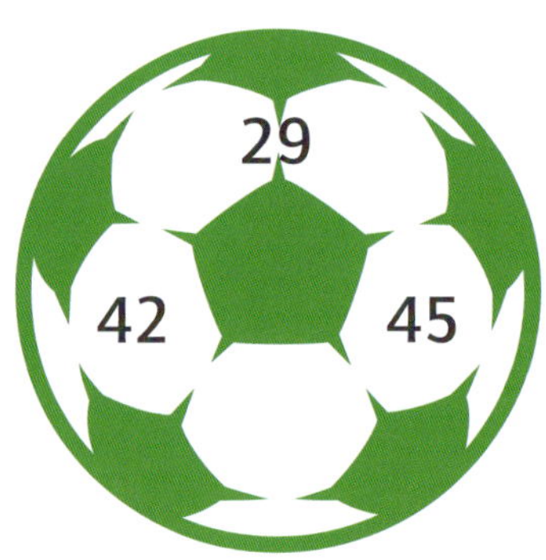
29
42
45
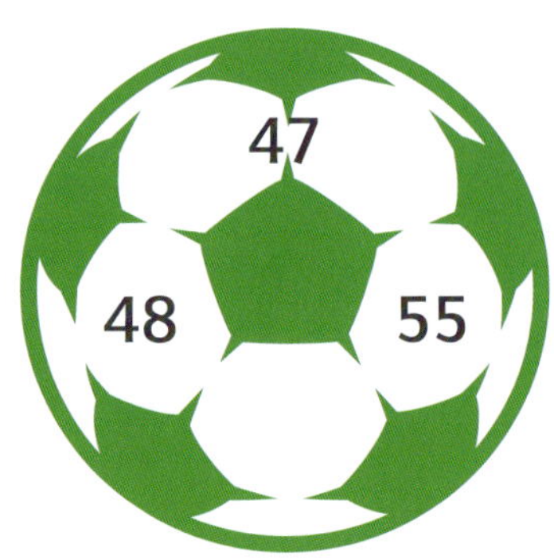
47
48
55

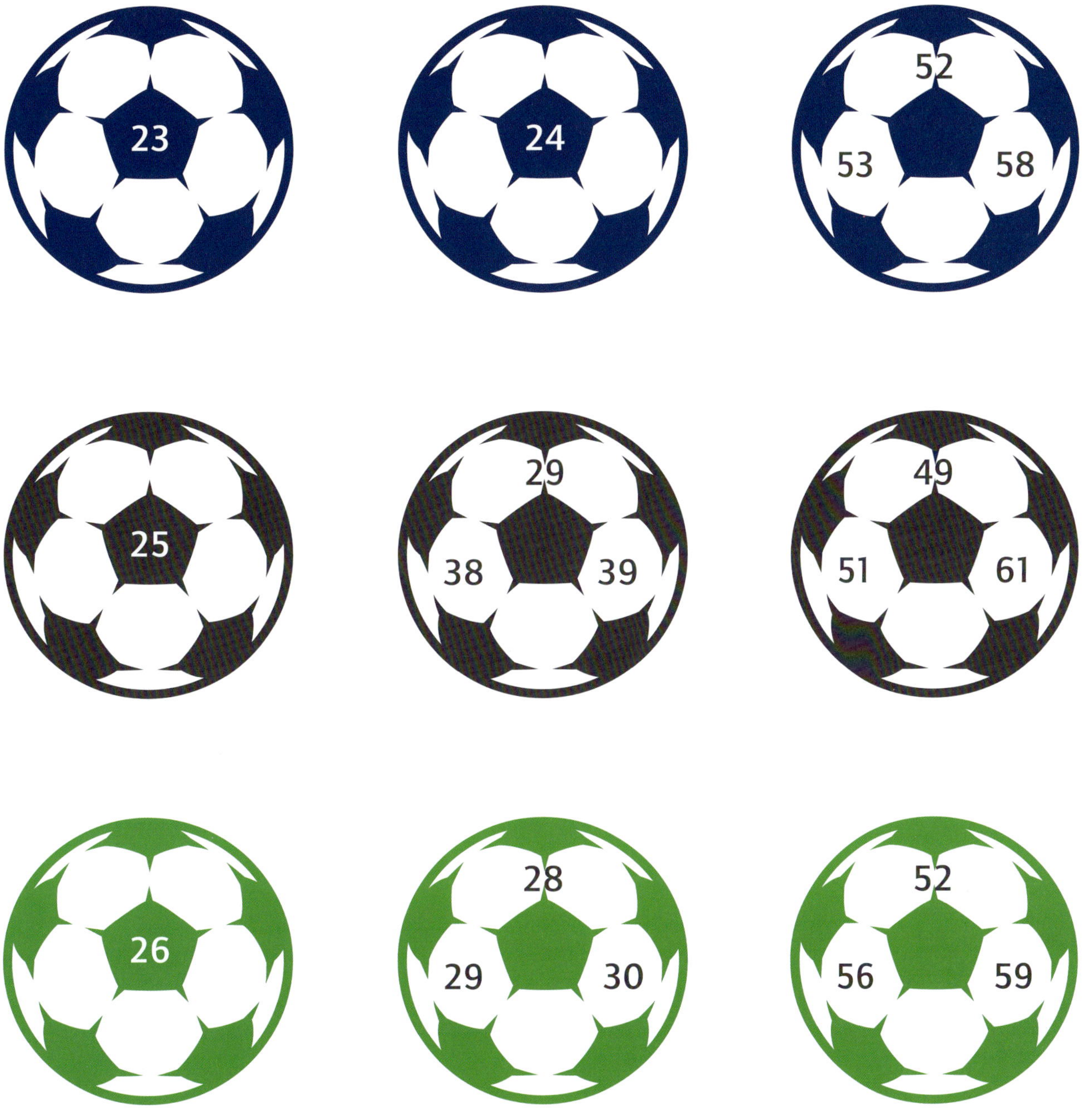
23
24
52
53
58
25
29
38
39
49
51
61
26
28
29
30
52
56
59

6

Athletikspiele

Inhalt

Spiel 63: Athletisches Fußballtennis

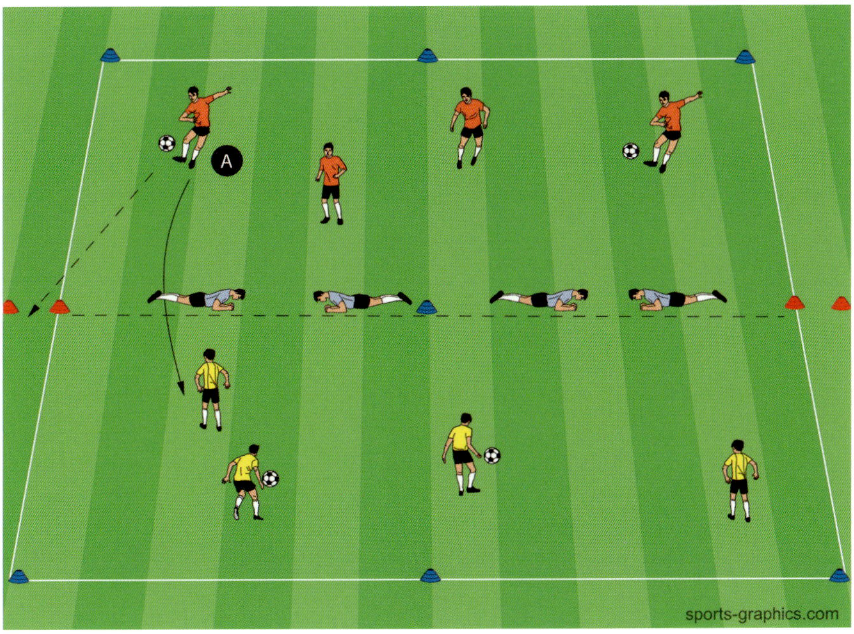

Aufbau/Organisation: 9-12 Spieler, 3 Teams, 4 Bälle, Hütchen, Leibchen.

Spielziel: In diesem Spiel agieren zwei Teams (Orange und Gelb) im Rundlauf nach Fußballtennisregeln gegeneinander. Es wird mit zwei bzw. vier Bällen gleichzeitig gespielt. Das dritte Team (in Blau) bildet das „Netz", indem alle Spieler im Unterarmstütz die Mittellinie besetzen. Eine Spielrunde dauert je nach athletischem Leistungsstand der Spieler 2-3 Minuten, wobei kurze Erholungspausen für die Netzspieler inkludiert sind.

Die Angabe wird aus der Hand mit dem Vollspann (Variation: per Dropkick) über das blaue Team, dass das Netz simuliert, gespielt (siehe A). Anschließend wechselt der Spieler, der den Ball über das Netz gespielt hat, die Feldseite durch das jeweils in Spielrichtung rote rechte Hütchentor. Die Punkte werden individuell erspielt, gezählt und am Ende der Spielrunde im orangefarbenen und gelben Team addiert. Wenn der orangefarbene Spieler A z. B. drei Punkte erspielt hat, seine Mitspieler B/C/D – 4/2/2 Punkte, hat das orangefarbene Team zusammen 11 Punkte erspielt. Aus dem Spiel heraus ist eine Bodenberührung in der eigenen Hälfte erlaubt, für jeden einzelnen Spieler sind maximal drei Ballkontakte vorgesehen. Ein Zuspiel zum eigenen Mitspieler in der eigenen Hälfte ist erlaubt.

Variation 1: Ein neues Team bildet auf der Mittellinie das Netz.
Variation 2: Die Spieler, die das Netz bilden, führen einen Handstütz oder einen Seitstütz aus.
Variation 3: Die Punkte werden am Ende nicht mehr im Team addiert, sondern individuell gewertet. Die drei besten Spieler, die die meisten Punkte erspielt haben, gewinnen den individuellen Wettkampf. Welcher Spieler schafft in zwei Minuten die meisten Punkte?

Spiel 64: Athletiktore plus Torabschluss

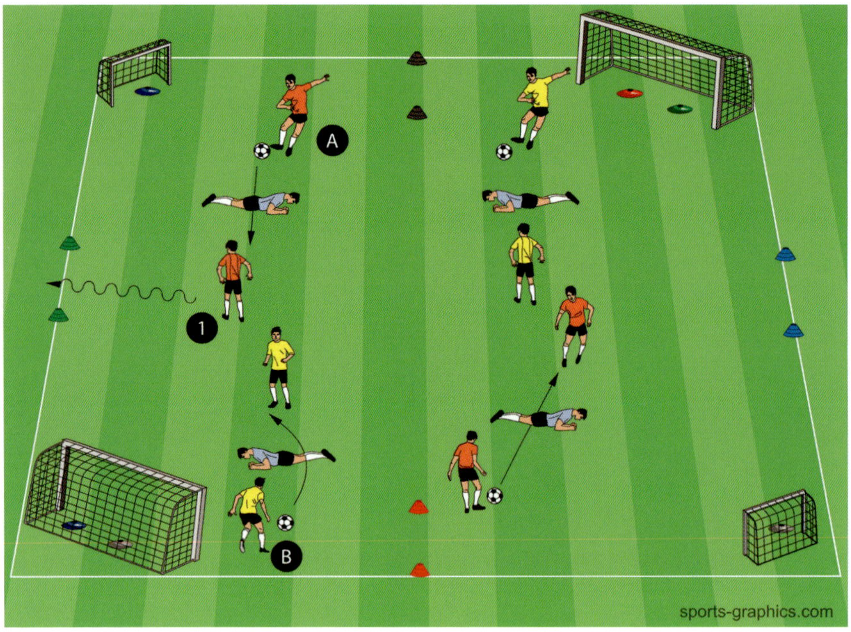

Aufbau/Organisation: 12-16 Spieler, 3-4 Teams, 4 Bälle, Hütchen, Tore, Leibchen, Minitore.

Spielziel: In dieser Spielform agieren die orangefarbenen und gelben Spieler in Zweierteams gegeneinander. Spielaufgabe ist, durch die „Athletiktore" zu passen, die von den blauen Spielern im Handstütz gebildet werden (siehe A). Nach der Passaktion durch das „Athletiktor" wird ein Hütchentor auf den Grundlinien durchdribbelt (siehe A 1).

Wenn ein Zweierteam vier Pässe gespielt und vier Hütchentore durchdribbelt hat, erfolgt ein Torabschluss. Die Spieler besetzen das Tor, es ist für die weiteren Teams geschlossen. Das schnellste Team bekommt vier Punkte, das zweite Team bekommt drei Punkte, das dritte Team zwei Punkte und das vierte Team einen Punkt. Welches Team ist am schnellsten?

Variation 1: Ein neues Team bildet die „Athletiktore", die Spieler spielen mit ihrem zweitbesten Fuß durch das „Athletiktor". Das Spielziel bleibt bestehen.

Variation 2: Die Spieler lupfen nun den Ball über das „Athletiktor" (siehe B). Die Spieler, die das Athletiktor bilden, führen eine „Brücke" aus. Die Farbe des zuletzt durchdribbelten Hütchentors gibt die Farbe an, auf welches Minitor/Tor abgeschlossen werden darf. Wird die vierte Dribbelaktion auf das grüne Hütchentor gespielt, so ist der Torabschluss nur auf ein grün markiertes Tor/Minitor möglich. Das Spielziel an sich bleibt weiterhin bestehen.

Variation 3: Bei dieser Spielvariante „Diebstahloption" dürfen die schnellsten Zweierteams nach dem Torabschluss sofort die Bälle von den anderen Zweierteams, die noch nicht fertig sind, entwenden und mit dem gestohlenen Ball auf ein weiteres Tor/Minitor abschließen.

Spiel 65: Halte die Linie frei

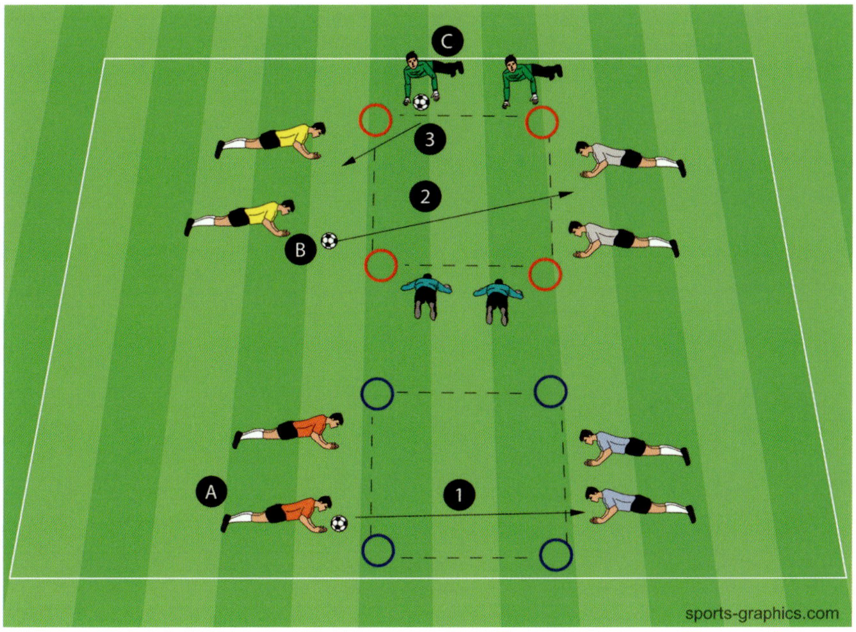

Aufbau/Organisation: 8-16 Spieler, Ringe oder Hütchen, Bälle, Leibchen.

Spielziel: Die Spieler spielen im 2-gegen-2-Modus (A). Alle Spieler führen einen Handstütz aus und versuchen, den Ball mit der Hand flach über den Boden zu rollen und einen Punkt auf der gegenüberliegenden Linie zu erzielen (1). Die verteidigenden Spieler (blau) bewegen sich ebenso im Handstütz und versuchen, den Ball vor der Linie zu verteidigen. Wird der Ball erfolgreich verteidigt oder angenommen, kann sofort ein Punkt auf die gegnerische Linie per Bodenroller erspielt werden. Wurde ein Punkt erspielt, wird im Team mindestens ein Pass zum Mitspieler gespielt. Punkte zählen nur bzw. können verhindert werden, wenn beide Spieler im Team sich im Handstütz befinden. Wer schafft in einer Hin- und Rückrunde (1-2 Minuten) die meisten Punkte?

Variation 1: Nach einem Abspiel wird im Handstütz ein „Bergsteiger" ausgeführt. Die Knie werden hierbei im Wechsel zur Brust rangezogen.

Variation 2: Vier Teams spielen gleichzeitig in einem Feld gegen das gegenüberliegende Team (siehe B; 2) oder gegen ein diagonales Team (C; 3).

Variation 3: Es wird im „Champions-League"-Modus gespielt. Das Gewinnerteam steigt in das blaue Feld auf, das Verliererteam wechselt in das rote Spielfeld.

Spiel 66: Vier-Farben-Athletik-Quadrat

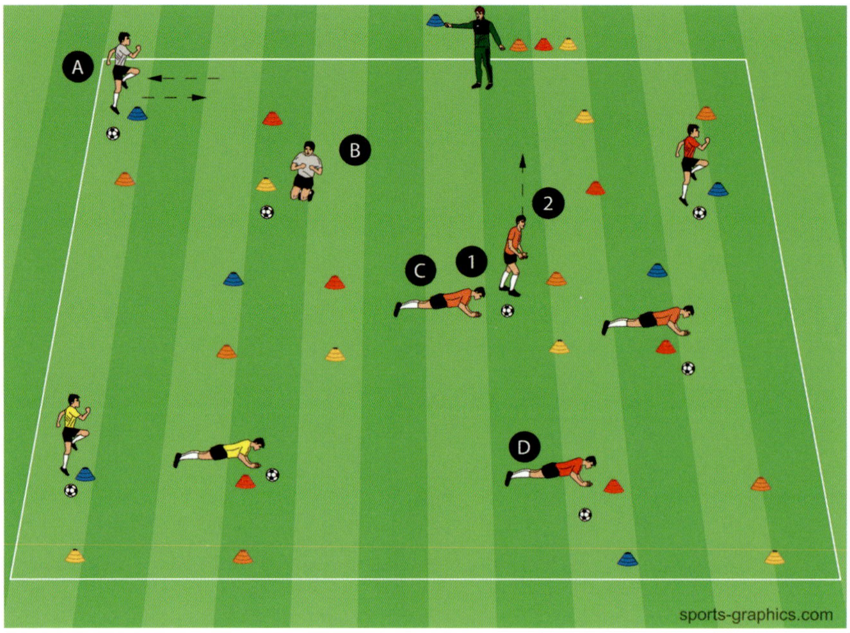

Aufbau/Organisation: 8-12 Spieler, 4 Teams, Hütchen, Bälle, Leibchen.

Spielziel: Die Spieler dribbeln durch das Feld und stoppen ihren Ball vor einem Hütchen. Am Hütchen führt der Spieler eine athletische Aufgabe aus. Über das blaue Hütchen wird ein „Einbeinsprung" (vor und zurück) durchgeführt (siehe A). Am gelben Hütchen wird eine „Brücke" (siehe B), am orangefarbenen Hütchen ein „Burpee" (C 1 und 2) und am roten Hütchen ein „Liegestütz" ausgeführt. Welcher Spieler schafft zuerst sechs athletische Aufgaben? Ein Hütchen ist immer nur mit einem Spieler besetzt. Die Spieler suchen sich fortlaufend freie Hütchen. Der Trainer vergibt Bonuspunkte für eine saubere Ausführungstechnik. Es ist unbedingt auf eine qualitativ gute Bewegungsausführung zu achten.

Variation 1: Auf ein Farbsignal (optisch oder akustisch) durch den Trainer, zum Beispiel Blau, werden alle sechs blauen Hütchen mit der jeweils zugeordneten Athletikaufgabe abgelaufen. Werden zwei Farben durch den Trainer angesagt, zum Beispiel Gelb und Rot, werden jeweils drei gelbe und drei rote Hütchen mit der jeweils zugeordneten Athletikaufgabe abgelaufen. Der schnellste Spieler schlägt beim Trainer ab. Platz zwei und drei werden auch ausgespielt.

Variation 2: Es werden neue Athletikaufgaben an den Hütchen gestellt. Am roten Hütchen führen die Spieler einen Bergsteiger aus, am blauen Hütchen einen Liegestütz auf dem Ball, am gelben einen dynamischen Seitstütz (beide Körperseiten) und am orangefarbenen eine Kniebeuge. Auf ein Farbsignal (optisch oder akustisch) werden wieder alle angesagten Farben abgelaufen und die Spieler sammeln sich anschließend mit ihrem Mitspieler an einem Hütchen. Welches Zweierteam ist am schnellsten?

Spiel 67: 3 Gewinnt

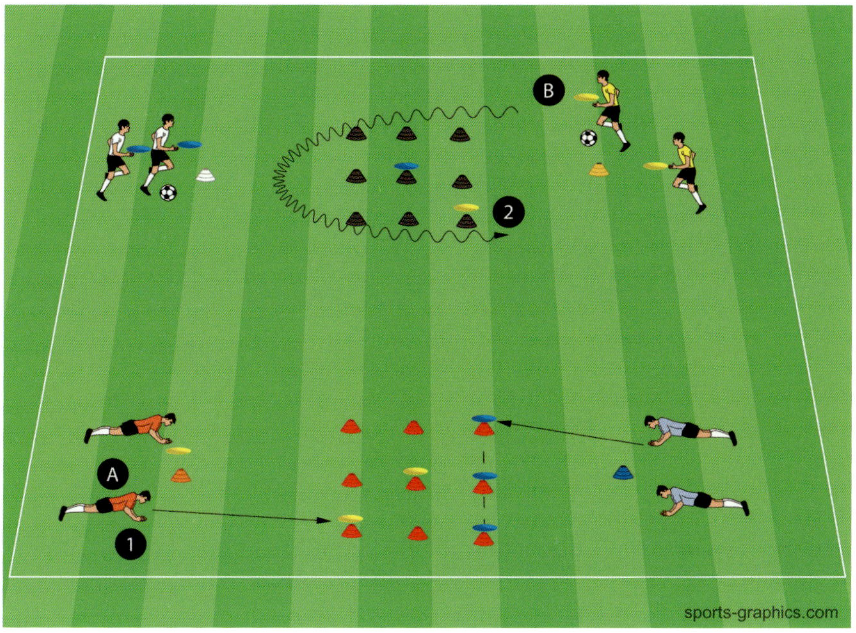

Aufbau/Organisation: 8-12 Spieler, Hütchen, Leibchen, 4 Teams.

Spielziel: Das Spielziel ist, drei Leibchen in einer Reihe vertikal, horizontal oder diagonal zu legen. Im ersten Spielfeld (rot) haben die Spieler pro Team drei Leibchen und befinden sich im Handstütz (siehe A-1). Ein Spieler pro Mannschaft führt einen „Burpee" aus und legt sein Leibchen auf einem Hütchen ab und klatscht per Hand bei seinem Mitspieler ein. Der zweite Spieler führt jetzt einen „Burpee" aus und legt anschließend das zweite Leibchen auf einem Hütchen ab. Das dritte Leibchen folgt wiederum durch den Mitspieler. Ist das Spiel nach dem Ablegen des dritten Leibchens noch nicht entschieden, ist ein Umlegen der Leibchen erlaubt.

Im zweiten Spielfeld (grau) dribbelt der erste Spieler im Team vor dem Ablegen des Leibchens eine Runde um das zentrale Spielfeld (B 2). Dann legt der Spieler sein Leibchen auf einem Hütchen ab und schlägt bei seinem Mitspieler ab und übergibt den Ball. Der zweite Spieler läuft los, dribbelt um das zentrale Spielfeld und legt das zweite Leibchen ab. Ist das Spiel nach dem Ablegen des dritten Leibchens noch nicht entschieden, ist ein Umlegen der Leibchen erlaubt.

Variation 1: Felder- bzw. Gegnerwechsel.
Variation für Spielfeld 1: Die Spieler führen drei Kniebeugen aus, bevor sie das Leibchen ablegen bzw. umlegen.
Variation für Spielfeld 2: Die Spieler führen eine Finte an den Eckhütchen aus und dribbeln mit mindestens zwei Fußwechseln (rechts/links) um das zentrale Feld.

Spiel 68: Wrestling

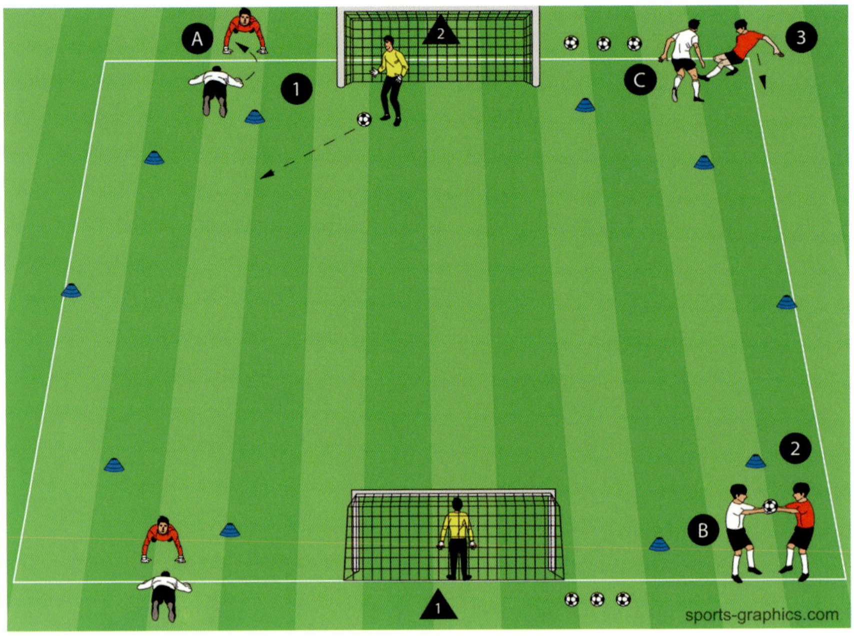

Aufbau/Organisation: 10-12 Spieler, 2 Tore, 2 Teams, Leibchen, Bälle.

Spielziel: Es findet sich immer ein roter und ein weißer Spieler in den Ecken des Spielfeldes zusammen. Die acht Spieler liegen alle im ersten Duell (siehe A) auf dem Bauch und strecken die Arme aus. Der Ellbogen liegt auf dem Boden auf. Die Spieler spielen drei Armdrückduelle aus. Die Gewinner der vier Duellpaarungen starten sofort in das Feld. Der schnellste Spieler holt sich einen Ball von seinem Torwart ab. Die Verlierer der Armdrückduelle laufen um das gegenüberliegende Tor und erst dann ins Spielfeld. Wenn zum Beispiel der rote Spieler (siehe A 1) sein Duell gewinnt, darf er sofort den Ball vom Torwart fordern. Der weiße Spieler sprintet zunächst um das gegenüberliegende Tor 1, um dann ins Spielgeschehen einzugreifen. Das rote Team spielt immer auf Tor 1 und das weiße Team auf Tor 2. Eine Spielrunde dauert zwei Minuten, danach werden neue Armdrückduelle gebildet.

Variation 1: Im Wrestlingduell (siehe B) ist das Ziel, den Ball von seinem Mitspieler wegzuziehen und für fünf Sekunden festzuhalten, ohne dass der Gegenspieler den Ball zurückstiehlt. Beide Spieler halten einen Ball auf Brusthöhe mit ausgestreckten Armen und beiden Handflächen. Auf ein Startkommando darf der Ball zu sich rangezogen werden. Der Gewinner läuft wieder direkt in das Spielfeld. Der Verlierer sprintet um das gegenüberliegende Tor.

Variation 2: In dieser Variation ist es das Ziel, seinen Gegenspieler wie beim Ringen auf den Rücken zu werfen (C 3).

Spiel 69: „Schnick-Schnack-Schnuck“-Ringe

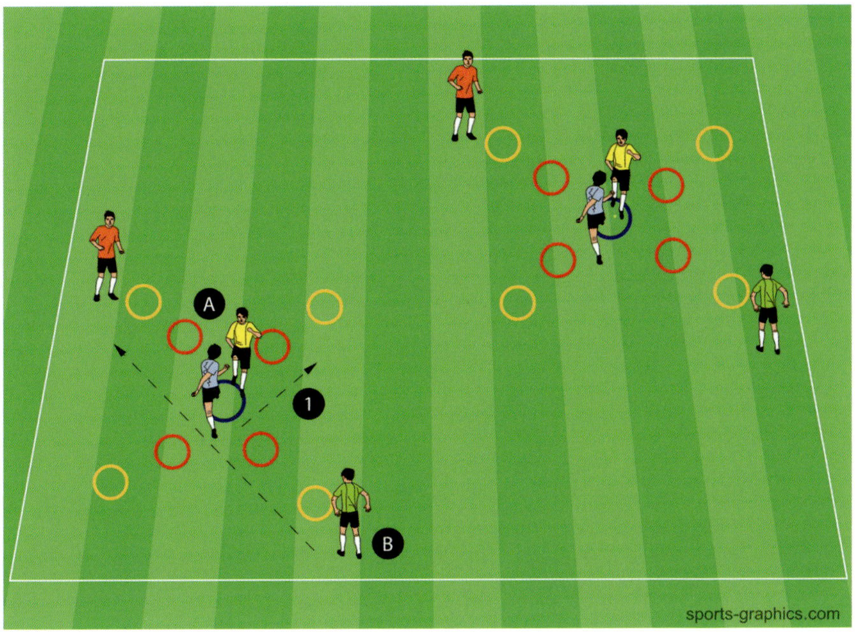

Aufbau/Organisation: 8-12 Spieler, Ringe oder Hütchen, Leibchen.

Spielziel: Der blaue und der gelbe Spieler treffen sich in der Mitte im blauen Ring (A). Beide Spieler stehen mit dem rechten Fuß im Ring und spielen eine Runde „Schnick – Schnack – Schnuck“. Es wird mit den Symbolen Stein, Schere und Papier gespielt. Der Gewinner des Duells, z. B. der blaue Spieler, darf anschließend einen Ring vorspringen. Der gelbe Spieler springt demensprechend einen Ring rückwärts zurück.

Im roten Ring findet dann das nächste „Schnick-Schnack-Schnuck“-Duell statt. Der Gewinner springt wieder vor, der Verlierer rückwärts zurück. Die Spielrunde ist zu Ende, wenn ein Spieler im gelben äußeren Ring sein Duell verliert. Wer ist nach fünf Duellen der Gewinner? Gleichzeitig starten zwei weitere Spieler (in Orange und in Grün) diagonal (B) und spielen ihr Duell aus.

Variation 1: Das neue Duell wird mit dem linken Fuß im Ring ausgeführt. Das Spielziel bleibt bestehen.
Variation 2: Es wird im Turniermodus „jeder gegen jeden“ gespielt. Jeder Spieler sucht sich nach einer Spielrunde einen neuen Gegenspieler.

Spiel 70: Movement Preps mit Minibällen

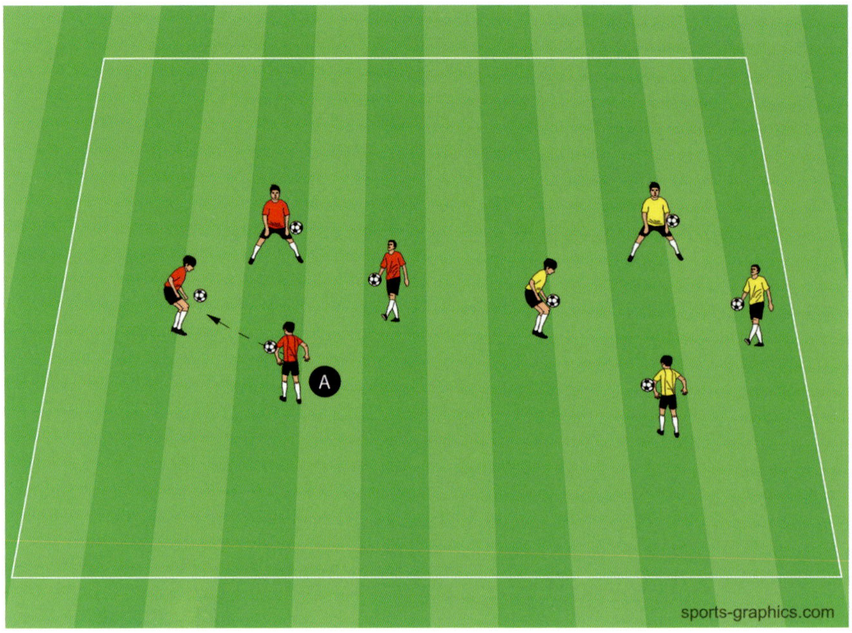

Aufbau/Organisation: 8-12 Spieler, Minibälle.

Spielziel: Die Spieler bilden einen Kreis und haben jeweils einen Miniball in der Hand. Die Spieler halten achtmal den Miniball hoch und werfen ihren Miniball nach links zu einem Mitspieler weiter (A). Der Ballempfänger fängt den Ball und legt diesen vor sich ab. Nach dem Wurf zum Mitspieler führt jeder Spieler die angesagte Athletikaufgabe aus (z. B. einen Handwalk; eine Standwaage; Ausfallschritte mit Rotation; Neuroskippings; Downward-Dog).

Variation 1: Bei dieser Variation werden die Minibälle in die Movement Preps mit eingebaut. Bei der Brücke zum Beispiel wird der Miniball während der Hüftstreckung um die Hüfte gekreist.

Hinweis: „Movement Preps" können auch vor jedem Training selbstständig von den Spielern ausgeführt werden. Achte während der „Movement Preps" unbedingt auf eine qualitativ gute Bewegungsausführung.

Spiel 71: Kreis, drehe dich

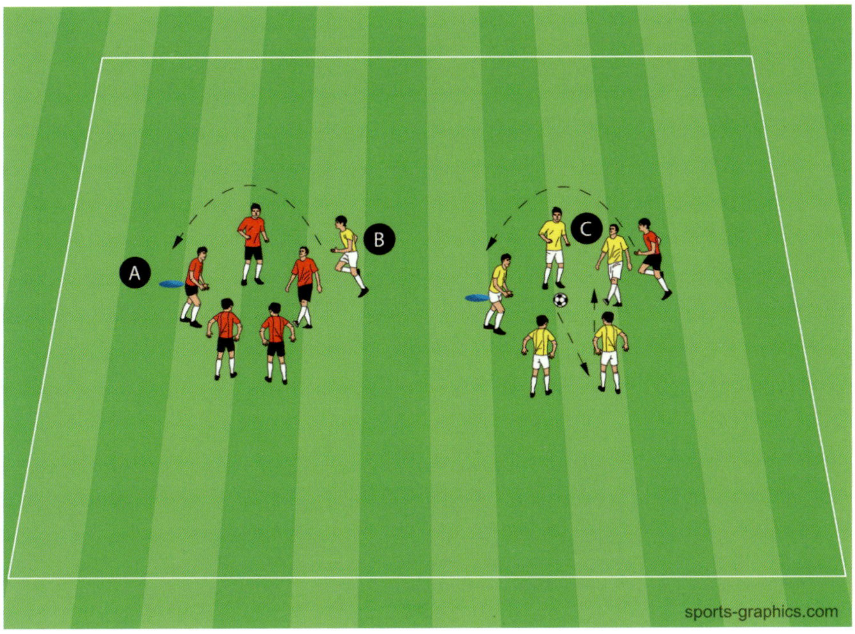

Aufbau/Organisation: 10-12 Spieler, 2 Teams, Leibchen, Bälle.

Spielziel: Die Spieler bilden in ihrem Team einen Kreis und halten sich an den Händen fest. Ein Spieler pro Team wird bestimmt, der als Jäger am gegnerischen Kreis agiert (B). Ein Spieler vom roten Team (A) hat ein Leibchen sichtbar an der Hose befestigt. Der gelbe Spieler (B) versucht nun, das Leibchen zu ersprinten und zu erobern. Dabei kann der Spieler (B), der das Leibchen jagt, in alle Richtungen laufen und auch die Laufrichtung verändern. Die Kreisspieler bewegen sich seitlich und drehend fort, ein Vor- oder Zurücklaufen ist nicht erlaubt. Schafft es der Jäger (B), das Leibchen zu berühren, bekommt die gelbe Mannschaft einen Punkt und ein neuer Läufer wird von Gelb bestimmt. Der zweite Kreis mit den gelben Kreisspielern und dem roten Jäger startet simultan. Der rote Jäger versucht, das Leibchen vom gelben Spieler zu ersprinten.

Variation 1: Ein Ball wird durch die Kreisspieler hin- und hergepasst (C). Jeder Kreisspieler hat maximal zwei Ballkontakte. Verlässt der Ball den Kreis, bekommt der Jäger einen Zusatzpunkt.

Variation 2: Die Kreisspieler verschränken die Arme vor der Brust und stehen Schulter an Schulter mit ihren Mitspielern im Kreis.

Spiel 72: Pferderennen

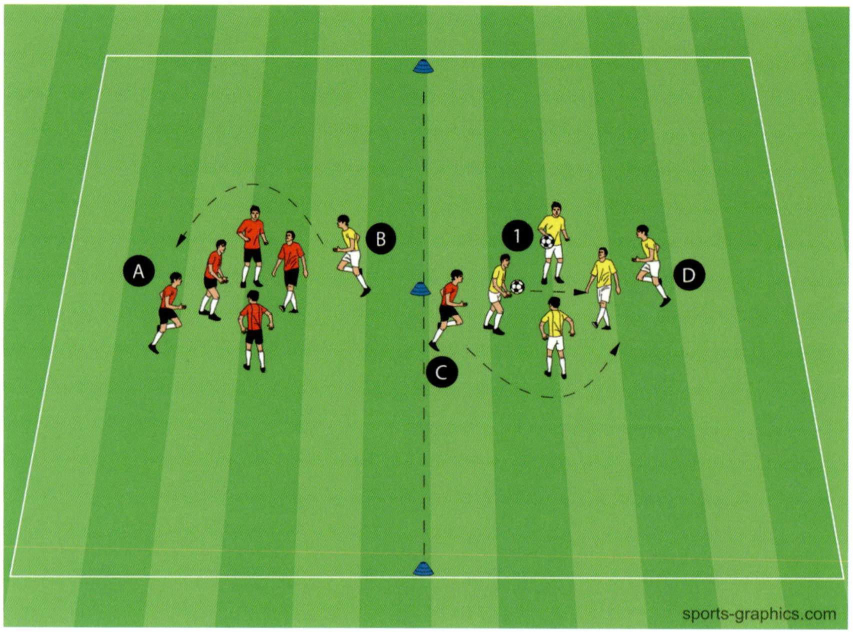

Aufbau/Organisation: 10-12 Spieler, 2 Teams, Leibchen, Minibälle.

Spielziel: Die Spieler bilden in ihrem Team einen Kreis und halten sich an den Händen fest. Ein Spieler pro Team wird bestimmt, der als Jäger am gegnerischen Kreis agiert (B). Ziel des Jägers (B) ist es, Spieler A zu ticken.

Dabei kann Spieler B, der den roten Spieler (A) jagt, in alle Richtungen laufen und auch die Laufrichtung verändern. Die Kreisspieler können sich in ihrer Hälfte, die mit den blauen Hütchen markiert ist, seitlich als auch vor und zurück bewegen.

Schafft es der Jäger (B), den Spieler zu ticken, bekommt die gelbe Mannschaft einen Punkt. Wie häufig schafft der Jäger es, den Gejagten in einer Minute zu ticken? Nach einer Minute wird ein neuer Läufer und Jäger bestimmt.

Der zweite Kreis mit den gelben Kreisspielern und dem roten Jäger startet simultan. Der rote Jäger (C) versucht, den gelben Spieler (D) zu jagen und zu ticken.

Variation 1: Zwei Minibälle werden per Hand im Kreis während der Jagd gepasst (1). Die Kreisspieler dürfen den Ball dabei maximal drei Sekunden lang in der Hand halten. Fällt ein Ball runter, bekommt der Läufer einen Zusatzpunkt.
Variation 2: Jäger und Läufer haben einen Ball am Fuß.

7 Feedbackmodell nach Hattie

Das letzte Kapitel dieses Buchs befasst sich mit dem essenziellen Thema Feedback. Über allen Gedanken zu diesem Kapitel steht erneut der Satz der berühmten Reformpädagogin Maria Montessori: „Hilf mir, es selbst zu tun!"

John Hattie hat in seinen Studien herausfinden können, dass Feedback den Lernerfolg massiv beeinflusst. In den Studien zu „Visible Learning" – „Lernen sichtbar machen" zeigt sich, dass die Ausgestaltung des Feedbacks entscheidend ist. Nicht jede Form von Feedback ist lernförderlich.

Wie sieht nun gutes Feedback aus? Nach Hattie wirkt Feedback auf drei Ebenen: Feedback zur Aufgabe, Feedback zum Lernprozess und Feedback zur Selbstregulation. Auffällig ist dabei, dass sich Feedback nicht auf die Person bezieht. Auf allen drei Ebenen gilt es, drei lernrelevante Feedbackfragen zu beantworten:

- Was ist das Ziel?
- Wie geht es voran?
- Was kommt als Nächstes?

Diese drei Fragen sind eng mit den englischen Begriffen *Feed up, Feed back* und *Feed forward* verbunden. Im Folgenden werden die drei Feedbackebenen Aufgabe, Lernprozess und Selbstregulation genauer betrachtet und erläutert (Visible Learning, o. J., Stand: 25.05.21).

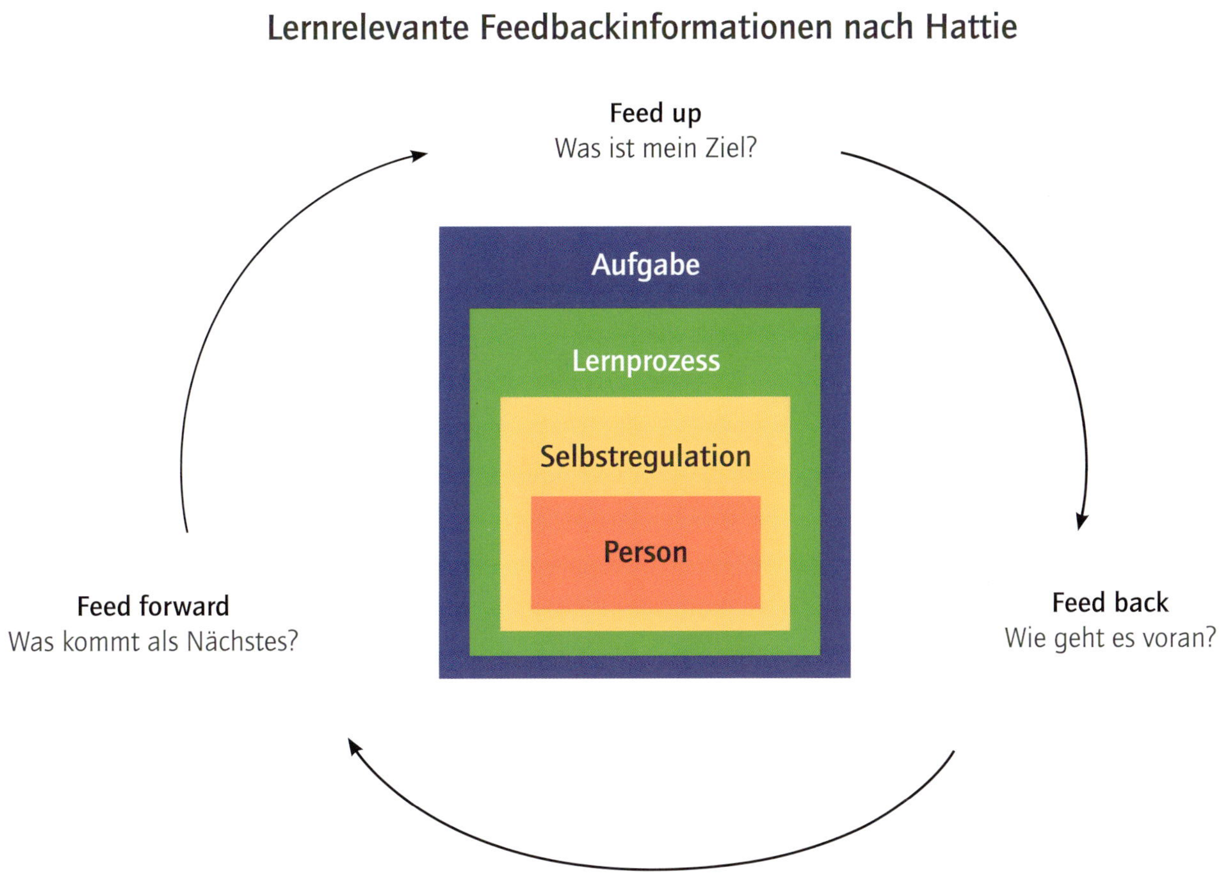

Abb. 6: Feedbackmodell nach Hattie

Feedbackebene Aufgabe

Auf dieser Ebene bezieht sich das Feedback auf die konkret zu bewältigende Aufgabe und deren Ergebnis. Es ist dabei essenziell, dass die Aufgabenstellung an den Lernenden (den Spieler) klar formuliert ist. Das Feedback zur Aufgabe kann individuell oder an die ganze Mannschaft gegeben werden. Das Feedback bezieht sich dabei immer auf die Lösung der Aufgabe.

Hier tritt ein elementarer Aspekt von Feedback in den Vordergrund. Denn Feedback kommt immer erst an zweiter Stelle, zunächst wird gelernt, ausprobiert und gearbeitet, anschließend erfolgt die Rückmeldung (ebd., Stand: 25.05.21). Das Feedback auf dieser Ebene bezieht sich also auf die zweite lernrelevante Feedbackfrage: „Wie geht es voran?"

Feedbackebene Lernprozess

Das Feedback auf dieser Ebene bezieht sich auf den Weg des Lernens. Der Trainer gibt folglich prozessbezogenes Feedback, das dazu beitragen soll, durch alternative Lernwege das aufgestellte Ziel zu erreichen. Die hohen kognitiven und motorischen Anforderungen eines Ziels sollen durch kleinere Schritte reduziert werden. Es werden Lernstrategien geklärt und aufgebaut (ebd., Stand: 25.05.21).

Im Folgenden ein Beispiel: Ein Spieler hat sich das Ziel gesetzt, seinen zweitbesten Fuß zu trainieren. Dieses Ziel hat ein hohes kognitives und motorisches Anforderungspotenzial. Während der Trainingseinheit fällt dem Trainer auf, dass bei dem Ziel des Spielers kaum Fortschritte verzeichnet werden können. Daher spricht der Trainer mit dem Spieler kleine Teilziele ab, die helfen, das Gesamtziel zu erreichen. Ein Teilziel könnte beispielsweise sein, dass der Spieler während des Trainings 10 Pässe mit seinem zweitbesten Fuß spielt.

Dieser Dialog, der dabei zwischen Spieler und Trainer entstanden ist, beantwortet gleichzeitig die Fragen des Feed backs (Wie geht es voran? – Dem Trainer ist aufgefallen, dass das Ziel bisher nicht erreicht wird) und des Feed forwards (Was kommt als Nächstes? – Trainer und Spieler verständigen sich auf ein kleineres Ziel).

Feedbackebene Selbstregulation

Auf dieser Feedbackebene liegt der Fokus auf der Fähigkeit von Lernenden (von Spielern), ihren eigenen Lernprozess zu beobachten, einzuschätzen und zu verbessern. Feedback zur Selbstregulation hat zum Ziel, dass sich die Lernenden (Spieler) selbst besser einschätzen können. Dies schafft Selbstvertrauen und erhöht die Selbstwirksamkeit, das heißt, die Überzeugung, durch eigenes Handeln die gestellte Aufgabe bewältigen zu können (ebd., Stand: 25.05.21).

Eine mögliche Frage des Trainers an den Spieler könnte sein: „Was ist der nächste Schritt, um deinem gesetzten Ziel ein Stück näherzukommen?" Der Trainer präsentiert auf seine Frage keine fertige Antwort, sondern er versucht, dem Spieler beizubringen, eigene Antworten auf die Fragen zu finden. Dabei kann der Spieler auch eigenständig formulieren, an welcher Aufgabe er weiterarbeiten möchte, um sich weiter zu verbessern. Dies steigert die intrinsische Motivation ungemein.

Die drei Feedbackebenen zur Aufgabe, zum Lernprozess und zur Selbstregulation bauen nach Hattie aufeinander auf. Sie berücksichtigen zudem die drei lernrelevanten Feedbackfragen. Die Herausforderung für den Trainer besteht darin, die zum jeweiligen Lernstand passende Stufe des Feedbacks auszuwählen und zu erkennen, welche kleineren Aufgaben der Spieler braucht, um sein großes Ziel zu erreichen.

Der Trainer steht dem Spieler als Berater zur Seite und begleitet den Lernprozess des Spielers. Das Feedback ist dabei zentral für den Lernerfolg.

7.1 Das Feedbackmodell im Trainingsalltag

Im Folgenden wird beispielhaft ein Trainer-Spieler-Gespräch dargestellt. Dieses Gespräch kann auf alle anderen Inhalte und Trainingsschwerpunkte übertragen werden, da die Struktur des Gesprächs (1. Feed up, 2. Feed back, 3. Feed forward) immer gleich bleibt.

Feed up (Was ist mein Ziel?)	Feed back (Wie geht es voran?)	Feed forward (Was kommt als Nächstes?)
Vor einer Spielform oder vor dem Trainingsbeginn	**Während einer Unterbrechung**	**Während einer weiteren Unterbrechung oder am Ende des Trainings**
Trainer: „Mir ist im letzten Training häufiger aufgefallen, dass du den Ball mit dem ersten Kontakt nur selten nach vorne mitnehmen konntest. Ich möchte, dass du dich jetzt immer so positionierst, dass du den Ball sofort (mit dem ersten Kontakt) in die Spielrichtung mitnehmen kannst."	Trainer: „Ich konnte beobachten, dass du viele Bälle erst angenommen hast und dann mit dem Ball in Richtung des gegnerischen Tors gedribbelt bist. Dadurch hast du viel Zeit verloren und häufig direkt Druck vom Gegenspieler bekommen. Super war, dass du auf eine offene Spielstellung geachtet hast." „Achte jetzt darauf, dass du den Ball direkt mit in die Spielrichtung nimmst. Dadurch wirst du den Gegnerdruck erst später bekommen und deine Mannschaft hat damit viel Raum gewonnen."	**Variante 1** (Der Spieler muss noch weiter daran arbeiten, den Ball direkt mitzunehmen): „Achte weiter darauf, dass du mit dem ersten Kontakt möglichst schnell in Richtung des gegnerischen Tors kommst. Wir wollen mit einem schnellen Dribbling möglichst viel Raum gewinnen. Daran arbeiten wir zusammen noch weiter." **Variante 2** (Der Spieler hat den ersten Hinweis des Trainers umsetzen können und bekommt nun die nächste Aufgabe): „Ich finde, dass du meinen ersten Hinweis gut umgesetzt hast. Du nimmst den Ball jetzt sofort (ohne Ballannahme) in Spielrichtung mit. Nun möchte ich, dass du darauf achtest, in gefährliche Räume zu dribbeln. Wenn du den Ball am Flügel bekommst, dann möchte ich, dass du ab jetzt versuchst, ins Zentrum zu dribbeln. (Hier identifiziert der Trainer gleich die nächste Entwicklungsstufe des Spielers.)

Anhang

1 Literaturverzeichnis

Dorlöchter, H. & Stiller, E. (2005). *Phoenix. Der etwas andere Weg zur Pädagogik*, S. 79. Schöningh Verlag: Paderborn.

Hüther, G. (2016). *Mit Freude lernen – ein Leben lang.*

Strauch, U., Wäsche, H. & Jekauc, D. (2019). Coach competences to induce positive affective reactions. *Sport and Exercise – A Qualitative Study. Sports, 7 (1)*, 16.

Winterhoff, M. (2019). *Deutschland verdummt – Wie das Bildungssystem die Zukunft unserer Kinder verbaut.* Gütersloher Verlagshaus: Gütersloh.

Internetseiten

Hattie, J. (o. J.). *Lernen sichtbar machen.*

https://visible-learning.org/de/2013/06/lehrerfeedback-und-schulerfeedback-nach-john-hattie/ (Stand: 25.05.2021).

Deutscher Fußball-Bund e.V. (2020). *Freude am Sport, auch eine Frage der Trainerkompetenz.* www.dfb-akademie.de/studie/freude-am-sport-auch-eine-frage-der-trainerkompetenzen/-/id-15000121 (Stand 25.05.2021)

Schulz von Thun, Prof. Dr. F. (o. J.) *Das Kommunikationsquadrat.* www.schulz-von-thun.de/die-modelle/das-kommunikationsquadrat (Stand: 25.05.2021).

2 Bildnachweis

Umschlaggrafiken: © AdobeStock

Autorenbild: © Michael Müller, www.mumblemade.de

Umschlag- und Covergestaltung: Katerina Georgieva

Innenlayout: Katerina Georgieva

Grafiken: Ballgrafiken: S. 103-107: © AdobeStock

Satz: www.satzstudio-hilger.de

Lektorat: Dr. Irmgard Jaeger

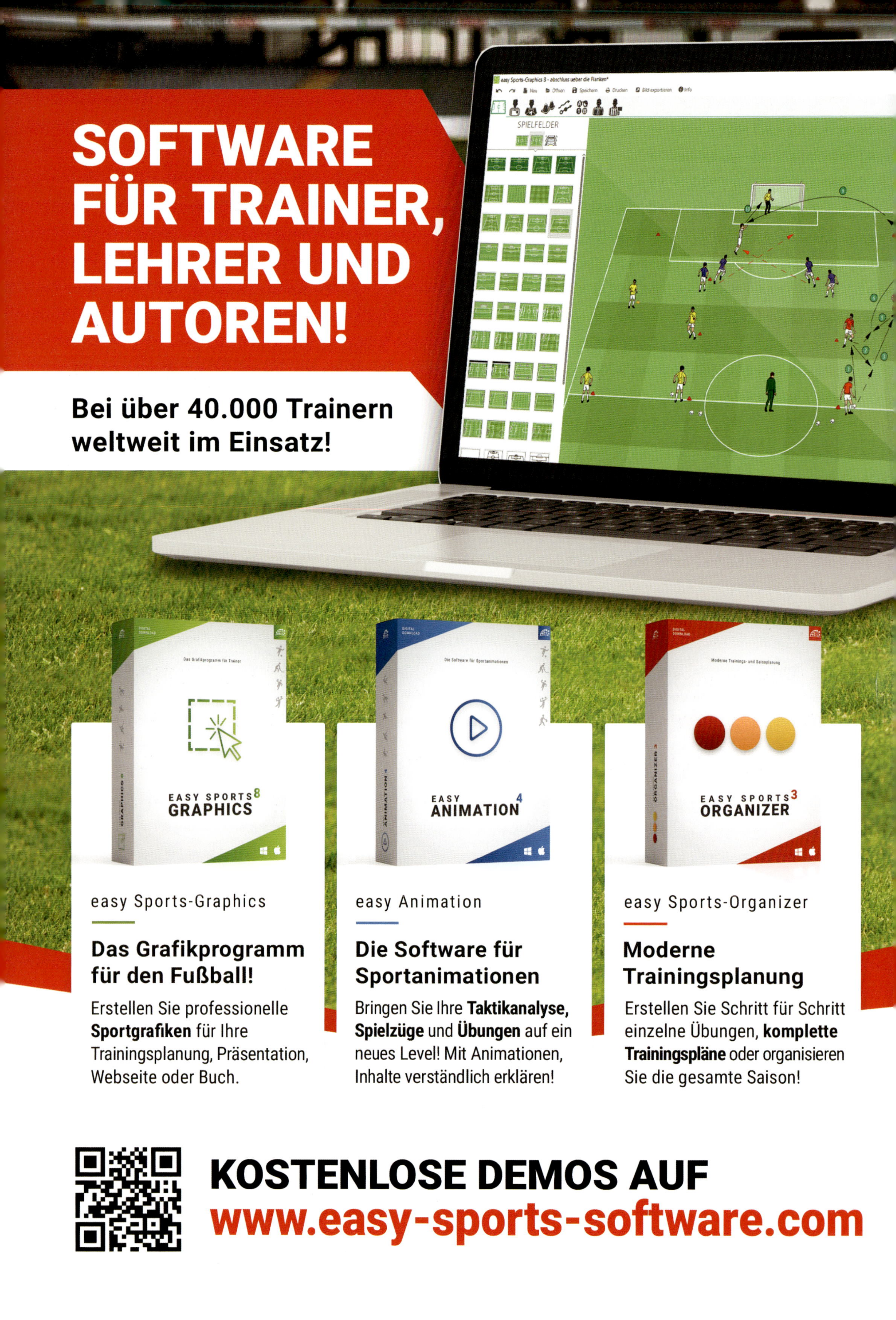
SOFTWARE FÜR TRAINER, LEHRER UND AUTOREN!
Bei über 40.000 Trainern weltweit im Einsatz!
SPIELFELDER
EASY SPORTS 8 GRAPHICS
EASY ANIMATION 4
EASY SPORTS 3 ORGANIZER
easy Sports-Graphics
Das Grafikprogramm für den Fußball!
Erstellen Sie professionelle Sportgrafiken für Ihre Trainingsplanung, Präsentation, Webseite oder Buch.
easy Animation
Die Software für Sportanimationen
Bringen Sie Ihre Taktikanalyse, Spielzüge und Übungen auf ein neues Level! Mit Animationen, Inhalte verständlich erklären!
easy Sports-Organizer
Moderne Trainingsplanung
Erstellen Sie Schritt für Schritt einzelne Übungen, komplette Trainingspläne oder organisieren Sie die gesamte Saison!
KOSTENLOSE DEMOS AUF
www.easy-sports-software.com